REPENSER L'ÉCONOMIE

L'ÉCONOMIE « BOTTOM-UP »

DU MÊME AUTEUR

La Stratégie internationale des groupes financiers américains, Economica, 1978, traduit en anglais.

La Crise du XXe siècle, avec Jean-Hervé Lorenzi et Joëlle Toledano, Economica, 1980.

La Modernisation des banques françaises, rapport au ministre de l'Économie, Documentation française, 1986.

Les Nouveaux Piliers de la finance, avec Michel Vigier, La Découverte, 1992.

La Banque, Milan, 1997.

Où va l'économie mondiale ?, avec Jean-Marie Chevalier, Odile Jacob, 2002.

Le Capitalisme déboussolé, avec Michel Vigier, La Découverte, 2003. Mention spéciale du prix européen du Livre d'économie, mention spéciale du prix Turgot.

La TGBE – La Très Grande Bagarre bancaire européenne, avec Esther Jeffers, Economica, 2005.

Les Défis de l'industrie bancaire, rapport au ministre de l'Économie, Documentation française, 2006.

La Méthode Colbert ou le Patriotisme économique efficace, Perrin, 2006.

Le Roman vrai de la crise financière, avec Jean-Marc Sylvestre, Perrin, 2008. Prix Turgot.

Sorties de crise, avec Patrick Artus, Perrin, 2009.

On nous ment ! Vérités et légendes sur la crise, avec Jean-Marc Sylvestre, Fayard, 2011.

Olivier Pastré

Repenser l'économie

L'économie « bottom-up »

Fayard

Couverture : un chat au plafond

ISBN : 978-2-213-67222-9

À Anthony Rowley,
sans qui ce livre et cette collection
n'auraient pu exister

INTRODUCTION

En cette fraîche matinée de printemps, alors que l'année 2021 vient à peine de commencer, le président François Hollande peut être fier de lui. Il y a un peu moins de dix ans, à la suite de la publication d'un essai d'Olivier Pastré qui a fait grand bruit et a véritablement ouvert le débat, le président de la République a, face à la crise qui faisait rage et s'accentuait de mois en mois, pris la décision de changer le cours de la politique économique de la France. Il n'a pas, alors, décidé d'augmenter, une fois de plus, les impôts et de « dégraisser le mammouth » administratif. Enfin affranchi de la tutelle mitterrandienne, il n'a pas ainsi cherché à entamer un nouveau « tournant de la rigueur », comme en 1983. Non.

Le supposé « Flanby », faisant preuve d'un courage politique que l'on ne lui prêtait pas, a modifié, non pas les termes de l'équation politique de la France, mais l'équation elle-même. En renforçant – parfois dans l'indifférence générale, plus souvent sous les lazzis et les quolibets de l'opposition et d'une partie de la majorité bien-pensante – le pouvoir des corps intermédiaires (syndicats, ONG, associations, lobbyistes et autres), il a radicalement modifié – ou, au moins, commencé à le faire – le logiciel de la gouvernance de l'économie française.

Les résultats se sont, certes, fait attendre, car on ne modifie pas un logiciel sans qu'il y ait quelques *bugs*, amplifiés – obsession du tirage oblige – par les médias. Mais n'écoutant que la voix de son destin, il a tenu bon. Et les résultats sont là. Les départements ont été supprimés, de nombreuses agences d'évaluation de la décision publique véritablement indépendantes ont été créées, les syndicats ont vu leur poids inexorablement augmenter – représentant aujourd'hui 39,3 % des salariés (contre moins de 10 % en 2012) –, les mutualistes, de la banque, de l'assurance et de la santé, se sont fédérés et pèsent aujourd'hui plus lourd, à eux seuls, que le MEDEF.

Voilà pour les moyens. Mais ce qui importe, ce sont les fins. Dans ce registre, malgré quelques cafouillages et de rares « jacqueries », les résultats ont dépassé les espérances. La France a commencé à se réindustrialiser. La Sécurité sociale a retrouvé un équilibre qui semble désormais durable. Plus important encore, car plus proche de la vie quotidienne des Français, le taux de chômage, après avoir culminé à 12 % au début de 2014, est retombé à 7,5 %. La crise du logement apparaît maintenant comme un cauchemar du passé et l'exclusion bancaire, ayant imprimé sa morsure sur un nombre toujours croissant de Français jusqu'en 2014, semble avoir définitivement reflué.

Qu'est-ce qui peut expliquer un tel bouleversement, qui redonne à la France son rôle historique de « lumière des nations » ? Alors même que les États-Unis, toujours englués dans leur *fiscal cliff* (« falaise fiscale »), l'Allemagne dans ses problèmes démographiques, la Chine dans ses revendications sociales n'arrivent pas à sortir la tête de l'eau. Rien ou presque. Seulement un renversement de logique. Dans une économie mondialisée et, donc, de plus en plus complexe, le président de la République française a compris que la politique économique ne se conduit pas du haut vers le bas, mais du bas vers le haut.

On ne décide plus de l'Élysée, à grands coups de lois, comment régler les problèmes de la PME de Bayonne, mais, en s'appuyant sur cette PME, on part de la réalité du terrain pour changer le cours des choses à l'échelle de la France entière. On passe ainsi d'une logique « top-down » à une logique « bottom-up ».

Ces deux expressions anglo-saxonnes sont issues de la théorie financière. Lorsqu'un investisseur cherche à définir quelle allocation d'actifs lui correspond le mieux, deux solutions s'offrent à lui. La première consiste à étudier l'environnement macroéconomique, puis à décider quels secteurs d'activité privilégier et, enfin, dans ces secteurs, sur quelles entreprises parier. C'est l'approche « top-down », du haut vers le bas. Une seconde solution consiste à partir de la situation des entreprises en essayant de déterminer lesquelles sont les moins justement valorisées, puis à intégrer ce choix dans son équilibre de portefeuille au niveau sectoriel et, enfin, à valider ces décisions au travers d'une analyse de la situation économique d'ensemble. C'est la méthode « bottom-up », du bas vers le haut. On part alors du terrain pour construire, pierre à pierre, par agrégation successive, un panorama économique global.

La méthode « top-down » est la plus généralement utilisée aujourd'hui par les gérants d'actifs. Avec des succès divers. Il suffit d'une seule petite erreur dans le diagnostic de départ pour aboutir, au niveau des actions d'entreprises qui sont achetées, à des aberrations durement sanctionnées par les marchés. Par ailleurs, la priorité donnée au cadre macroéconomique fait croire à certains gérants d'actifs que le choix des entreprises dans lesquelles investir importe peu et appelle de ce fait une moindre vigilance que l'observation attentive des murmures du patron de la Fed ou de la BCE.

Et pourtant, *in fine*, c'est bien le choix de l'entreprise la mieux préparée à affronter l'avenir qui, dans le moyen terme, se révèle le plus payant. Ce qui est vrai en période de croissance l'est encore plus en période de crise. C'est au niveau des pâquerettes, et non à celui des lambris ministériels, que l'on peut déceler les stratégies de rupture qui préparent la sortie de crise. Dit autrement : si une stratégie « top-down » est parfaitement adaptée pour éclairer l'avenir à court ou moyen terme en période de croissance, l'approche « bottom-up » est celle qui permet le mieux, en période de crise, de se projeter dans le long terme.

Nous souhaiterions, dans cet essai, montrer que ce qui est vrai du point de vue boursier l'est aussi de la politique économique. Si nous voulons donner à la France les moyens de sortir par le haut de cette crise, la plus grave depuis un siècle, il faut impérativement changer le logiciel de notre politique économique, tourner résolument le dos aux recettes qui ont, certes, marché au cours de la seconde moitié du XXe siècle, mais qui se révèlent désormais impuissantes à enrayer la spirale régressive qui stérilise les énergies et les talents d'aujourd'hui.

Il faut de toute urgence s'en convaincre : si c'est dans les vieilles casseroles que l'on fait les meilleures soupes, ce n'est pas avec les vieilles potions que l'on fait la meilleure politique économique. Il faut donc impérativement changer de perspectives, de méthodes et de comportements.

Ayant, parmi les premiers, dénoncé les dérives du capitalisme actionnarial après le scandale Enron (*Le Capitalisme déboussolé*, avec Michel Vigier, 2003), défendu l'absolue nécessité d'une lutte contre la désindustrialisation (*La Méthode Colbert*, 2007), attiré l'attention sur la gravité de la crise actuelle (*Le Roman vrai de la crise financière*, avec Jean-Marc Sylvestre, 2008) et mis en garde contre les plus graves erreurs commises en matière de politique économique depuis le début de la crise (*Sorties de crise*, avec Patrick Artus, 2009), je souhaite apporter ici ma contribution à la définition d'une véritable stratégie de sortie de crise, à la fois pérenne et sereine. Au vu des échecs répétés de la science économique dans ce domaine au cours des dernières années, l'ambition est immense. Il ne s'agit pas ici de clore ce dossier, mais, au moins, de l'ouvrir et de commencer à l'instruire. Nous ne risquons rien à essayer de construire le cadre intellectuel de notre avenir. Qui ne tente rien…

CHAPITRE 1

L'âge d'or du « top-down »

Lorsque le Concorde s'écrase le 25 juillet 2000 sur un hôtel de Gonesse, ce tragique accident met un terme à une saga aussi passionnante que dérisoire. L'aventure (ou plutôt la mésaventure) du Concorde symbolise, mieux que tout autre projet industriel, les limites des stratégies « top-down ». Cet avion constitue, sans nul doute, un exploit technologique sans précédent. Permettre à cent passagers de relier Paris ou Londres à New York en moins de trois heures, n'est-ce pas, en 1969, un bond en avant historique, à l'époque où les Français mettent encore, chaque été, plus de douze heures sur la Nationale 7 pour rejoindre la Côte d'Azur ?

L'exploit technique est incontestable. Mais à quel prix ? Si l'on y regarde d'un peu plus près, l'échec est à la fois commercial et politique. Comment en est-on arrivé là ? Par la seule grâce d'une approche volontariste et jacobine. Nous sommes en 1960. La guerre froide bat son plein. La France du général de Gaulle veut à tout prix « marquer son territoire » face aux États-Unis, suspectés de vouloir faire de l'Europe leur pré carré économique et diplomatique. De Gaulle tranche. La France gagnera la course mondiale du supersonique civil. Les États-Unis, plus soucieux de renforcer leur maîtrise militaire des airs et de joindre Dallas à New York au meilleur prix, laissent s'enliser leur projet du supersonique civil Boeing 2707, tandis que les Russes attendent que l'Europe investisse en Recherche et Développement pour concevoir à moindres frais le Tupolev Tu 144 (qui s'écrasera au salon du Bourget de 1973). La France décide donc de se lancer seule dans l'aventure.

On ne consulte même pas la compagnie aérienne nationale, Air France. Les ingénieurs de Sud Aviation se mettent au travail et un premier budget public de subventions de 162 millions de francs (l'équivalent, en valeur corrigée de l'inflation, de 252 millions d'euros) est voté. Las ! Les coûts de l'aventure industrielle se révèlent très rapidement hors d'atteinte et il faut alors composer. Pas avec les Américains, bien sûr. Avec les Anglais. Le 29 novembre 1962, la hache de guerre est momentanément enterrée avec la perfide Albion et l'union sacrée est signée, au prix d'une des plus belles « usines à gaz » de l'histoire industrielle. Une gouvernance bicéphale, une duplication des sites de production (cinq en Angleterre et quatre en France), une valse-hésitation quant au modèle retenu, les cœurs anglais et français balançant entre les solutions moyen- et long-courrier. C'est, encore une fois, le général de Gaulle qui tranchera : « L'avion [doit] traverser l'Atlantique. » Délais allongés, surcoûts faramineux, attentisme (justifié) des clients : lorsque le vol public inaugural est effectué en 1971, il est déjà écrit que cette *success story* binationale sera un échec cuisant.

Alors que le « business-plan » avait été établi pour 150 commandes au départ et 150 autres par la suite, 20 Concorde seulement sortiront des hangars de fabrication (dont 6 pour les essais...). Certes, le premier choc pétrolier de 1973 est passé par là. Mais cela n'épuise pas, tant s'en faut, l'explication de ce désastre programmé. La cause première de cet échec est la croyance quasi religieuse en la capacité de l'État à tout décider d'en haut et en la possibilité de promouvoir la croissance par la commande publique. On donnera d'autres exemples des limites de ce volontarisme autojustifié, mais le Concorde reste, à nos yeux, le symbole du projet « top-down » qui s'est écrasé, avec panache mais gabegie, sur le mur des réalités.

L'idée de tout piloter d'en haut ne date pas du lancement du programme Concorde et, surtout, ne se limite pas aux aventures industrielles sans lendemain. *Nous sommes tous keynésiens.* C'est drôle. Nous sortons à grand-peine d'une double décennie placée sous le signe d'un néolibéralisme triomphant et nous découvrons, au tournant de la crise, que nous sommes tous marqués par le fer rouge idéologique du maître de Cambridge.

Le keynésianisme, c'est quoi, au fond ? Cette doctrine économique, si complexe puisse-t-elle paraître, repose, en fait, sur deux principes simples. Le premier s'ancre dans le concept de demande effective. « Le volume de l'emploi N est déterminé par la demande effective, celle-ci étant la valeur de la demande au point d'intersection entre la fonction d'offre globale et la fonction de demande globale, parce que, en ce point, les anticipations de profit des entrepreneurs sont maximisées » (*Théorie générale*). Qu'en termes galants ces choses-là sont dites !

Pour faire plus simple, il suffit de considérer que, jusqu'à Keynes, la science économique faisait sienne la célèbre loi de Jean-Baptiste Say selon laquelle « l'offre crée sa propre demande ». Le problème de l'économie de marché est donc avant tout un problème de production. Plus on produit, plus on produit bon marché (on appelle cela les « économies d'échelle ») et donc plus on crée de richesses et d'emplois. On a par conséquent intérêt à produire toujours davantage. Ce qui, accessoirement, permettra d'exporter et donc de gagner des parts de marché sur les concurrents dits « étrangers ». L'objectif de la politique économique sera ainsi de créer les conditions d'une augmentation de la production, sans trop s'inquiéter de l'écoulement des produits fabriqués.

La théorie est séduisante, mais la réalité est têtue. Du fait de cette croyance, les économies à l'apogée de leur puissance au XIXe et au début du XXe siècle (Angleterre, France et Allemagne) connaissent des crises à répétition qui sont toutes des crises de surproduction. Cela est vrai de la crise de 1882 en France, et plus encore de celle de 1929. L'économie mondiale ayant connu une décennie de croissance dans les années 1920, dans la foulée du mouvement général de reconstruction impulsé par la fin de la Première Guerre mondiale, cette expansion va buter contre le mur du pouvoir d'achat, d'autant plus infranchissable que l'ouvrier reste un ennemi de classe (Marx est passé par là) et que le salaire constitue une dépense contrainte menaçant le profit de l'entrepreneur et donc la capacité d'investissement de celui-ci. Keynes va théoriser la solution à ce problème en faisant de la demande effective et de l'augmentation de celle-ci la pierre angulaire de la politique économique. Cela peut paraître évident aujourd'hui, mais cette *Théorie générale* prenait à contrepied, au début des années 1930, toute la pensée économique alors dominante.

Le keynésianisme s'est vu décliné à toutes les sauces. Henry Ford avait déjà eu, dans les années 1920, la géniale intuition keynésienne avec son *« five dollars day »* : pour pouvoir produire plus (et faire baisser le prix de ses produits, et donc capter de nouveaux marchés), Ford avait pris la décision de doubler le salaire de ses ouvriers, faisant ainsi d'eux les premiers clients de ses chaînes de fabrication, par ailleurs mécanisées. Mais c'est dans le domaine politique que le keynésianisme va trouver, au cœur de la crise de 1929, un véritable terrain d'expérimentation. Il va ainsi donner naissance au « New Deal » de Roosevelt qui, par la croissance de la dépense publique (que symbolisent de grands travaux comme ceux de la

Tennessee Valley Authority), amorcera la sortie tant attendue de la crise de 1929.

Mais là n'est peut-être pas la principale originalité de la pensée keynésienne. Là où Keynes va marquer le plus l'histoire de la pensée économique, c'est en faisant de la macroéconomie le poumon de la science économique moderne. Jusqu'à Keynes, les économistes classiques faisaient de l'individu – entrepreneur, épargnant ou consommateur – le point de départ de leurs constructions théoriques. C'est à partir du comportement de cet individu (ou de cette entreprise) que s'échafaudent l'équilibre des marchés et la dynamique de la croissance. Keynes va renverser la logique du raisonnement. C'est à partir de concepts globaux décrivant l'économie dans son ensemble que l'on peut assurer le bouclage de la réflexion et donc la définition des mesures de politique économique appropriées.

Les concepts qui fondent les démonstrations keynésiennes sont donc, tous, des concepts macroéconomiques. C'est vrai pour la demande effective, mais c'est vrai aussi pour l'offre de monnaie, pour l'investissement, pour les dépenses publiques et pour l'emploi. Même les comportements individuels sont appréhendés à un niveau d'agrégation maximal. Ainsi en est-il de la « propension à consommer », de l'« efficacité marginale du capital » ou de la « préférence pour la liquidité ». En initiant ce renversement de perspective, Keynes va jeter les bases de la science économique dite « moderne ».

La vie de l'homme politique devient alors relativement simple. Il suffit de s'appuyer sur une bonne comptabilité nationale et sur un service statistique qui ne s'embarrasse pas trop de subtilités sectorielles et, *a fortiori*, microéconomiques. L'indicateur du produit intérieur brut (PIB) fera parfaitement l'affaire. La croissance économique sera mesurée à l'aune du PIB et, inversement, le PIB sera la croissance économique et donc le bonheur des peuples. Sur cette base, on peut vérifier que des lois générales s'appliquent, en oubliant au passage que corrélation n'est pas toujours causalité. Dans ce domaine, la « courbe de Phillips » reste un monument de la pensée « top-down » qu'il est toujours plaisant de revisiter un demi-siècle après.

Alban W. Phillips, après avoir fait des études d'ingénieur électricien en Nouvelle-Zélande et d'économie en Angleterre, a enseigné à la London School of Economics et a connu une renommée mondiale en publiant un seul article dans la prestigieuse revue *Economica* en 1958. Dans cet article, Phillips « démontre », sur la base de statistiques incontestables, qu'il existe une correspondance presque parfaite entre l'évolution des salaires (et donc l'inflation) et le chômage en Angleterre sur la période 1861-1957. Plus il y a de chômage, moins il y a d'inflation, et *vice versa*. C'est sur la base de cette *constatation* (Phillips est, lui-même, très prudent) qu'est établie une *loi* qui va servir de colonne vertébrale à la politique économique des Trente Glorieuses : pour lutter contre le chômage, il faut accepter, à contrecœur, de laisser filer les prix.

L'apparition de la « stagflation » (stagnation et inflation cumulées) allait, certes, démontrer l'inanité des conclusions abusivement tirées d'une simple corrélation mathématique par certains économistes et tous les politiques. Mais le mal était fait, et la croissance des Trente Glorieuses définitivement enrayée. Cette erreur fondamentale a, pourtant, été vite oubliée et n'a pas longtemps découragé les hommes politiques de dérouler leur inflexible logique. Une comptabilité nationale bien charpentée, dont on tire d'implacables relations de causalité économique, cela débouche nécessairement sur de belles et bonnes lois.

La loi est le débouché naturel du fleuve majestueux que constitue la logique « top-down ». Si les relations de cause à effet macroéconomiques sont clairement établies, la loi peut (et doit), seule, permettre de dévier l'action des forces telluriques de la réalité économique. Tant pis si celle-ci uniformise souvent : seul importe le sens donné globalement à l'action. Ces croyances survivront au keynésianisme lui-même. Par la suite, dans les années 1970, les économistes libéraux, qui verront leurs idées triompher au début des années 1980, amorceront leur critique du keynésianisme en revenant aux sources de la microéconomie. Aujourd'hui encore, la doxa économique opère à partir d'un raisonnement d'ordre microéconomique. Mais cette refondation théorique ne franchira pas la frontière de la sphère politique. La pensée et le discours de la politique économique resteront ancrés dans un schéma d'analyse global hérité de Keynes.

Cela est vrai depuis plus de trente ans, période durant laquelle la pensée économique néolibérale s'est construite. Revenons aux sources de cette pensée, articulée au tournant des années 1980 par Ronald Reagan aux États-Unis et par Margaret Thatcher en Angleterre. Ronald Reagan est doublement keynésien. Il l'est d'abord parce que, sous ses slogans outrageusement libéraux, se cache une pratique interventionniste que Roosevelt n'aurait pas désapprouvée, qui se cristallise dans la relance des investissements publics militaires et que symbolisent aussi bien le programme « *America is back* » que le projet

IDS (Initiative de défense stratégique). Mais il l'est plus encore quand il met en œuvre une politique qui fait de la régulation macroéconomique l'alpha et l'oméga de l'action de son gouvernement. Sa politique monétaire de hausse des taux d'intérêt et sa politique fiscale contenue dans le Recovery Tax Act (1981) et le Tax Reform Act (1986) sont, certes, d'inspiration friedmanienne, mais font fi de toute référence aux « particules élémentaires » du jeu économique que sont les entreprises et les ménages.

Et Margaret Thatcher suivra, en Angleterre, les pas de son maître à penser, en se fixant comme seul objectif de réduire de moitié les dépenses publiques et, pour ce faire, en baissant drastiquement les dépenses sociales. On ne trouvera dans aucun discours de la « dame de fer », ni dans aucune des mesures que son gouvernement a prises (à l'exception des privatisations), de références à des objectifs autres que macroéconomiques.

Quid du quinquennat Sarkozy ? Keynes, sors de ce corps ! Nicolas Sarkozy, sans pour autant résister à ses pulsions interventionnistes, s'est toujours affiché comme un libéral convaincu. Las ! Sa politique a été effrontément keynésienne. C'est vrai en premier lieu des deux seules grandes réformes de cette législature :

l'autonomie des universités et le financement des retraites. Pour les retraites, on retrouve le même jeu de Rubik's Cube qu'hier. Et probablement que demain. Je dispose de quatre moyens d'agir : l'âge de départ à la retraite, la durée et le montant des cotisations, et le montant des prestations. Et je pousse l'un ou plusieurs d'entre eux au gré de mon impatience à rééquilibrer le système. Pour Nicolas Sarkozy, on a principalement joué sur la durée des cotisations. Moins douloureux que le montant des prestations, que l'on va laisser à son successeur, qui sera bien obligé, un jour ou l'autre, de tomber dans le piège. On se refuse, dès lors, à réfléchir aux abus et aux cas particuliers (hors quelques avancées sur certains régimes spéciaux, comme celui de la SNCF). La France d'en bas, on la regarde de loin et on la traite d'en haut.

Pour les universités, le sujet est un peu plus complexe, car l'autonomie, proposée au départ par Valérie Pécresse, constituerait en soi un bel exemple de politique « bottom-up ». Plus de responsabilités et plus de moyens donnés à ceux qui tiennent le manche. Malheureusement, des bonnes intentions aux derniers arbitrages législatifs, « la route est droite, mais la pente est forte » ! La réforme, telle qu'elle a été votée, conserve ainsi l'essentiel du pouvoir au ministre et à la pseudoconcertation administrativo-syndicale, qui fait tant de mal à l'Université depuis cinq décennies.

Si l'on élargit le tour d'horizon à l'ensemble des réformes qui ont été menées à terme ou, plus souvent, esquissées par Nicolas Sarkozy, celles-ci restent, dans leur très grande majorité, soumises à l'imperium du « top-down ». Un problème de sureffectif dans la fonction publique ? Que faire de mieux qu'une classique règle de remplacement d'un fonctionnaire sur deux, appliquée aveuglément à tous les départs à la retraite ? Un problème d'immigration ? Je dégaine mon bon vieil objectif statistique. Des problèmes en matière médicale ? J'exhume mon *numerus clausus*. Un problème de logement ? Surgit un droit au logement opposable. Un problème aux Assedic et à l'Unedic ? Quoi de plus utile qu'une nouvelle usine à gaz pompeusement appelée « Pôle Emploi » ? Un problème de représentativité syndicale ? Une nouvelle grille figera à nouveau, pour des décennies, des rentes qui se révéleront parfaitement iniques dans un très petit nombre d'années.

Les deux réformes les plus contestées, mais les plus symboliques, du quinquennat n'échappent pas à la règle. Le bouclier fiscal protège tous les riches, même ceux qui n'en avaient pas besoin, comme l'ISF avait, en son temps, taxé tous les propriétaires de résidences principales, même ceux – agriculteurs ou retraités – qui avaient eu le malheur de naître sur l'île de Ré. De même la TVA sociale (ou du moins son projet) était-elle censée punir toutes les entreprises qui importaient des produits en France, quels que soient le secteur d'activité, protégé ou non de la concurrence internationale, et la taille des entreprises concernées.

Ne poussons pas le bouchon trop loin ! Nicolas Sarkozy a aussi fait quelques réformes plus près du terrain. C'est vrai pour certains partenariats public-privé en matière de logement, pour les Autorités régionales de santé, pour la réforme (avortée) de la formation professionnelle ou pour la politique de bourses étudiantes. Mais même les meilleures intentions dans ce domaine ont, dans de nombreux cas, été dévoyées. Ainsi en est-il des déductions fiscales octroyées pour les investissements faits dans toutes les entreprises en création (sans distinction) ou, mieux encore, des pôles de compétitivité, excellente initiative au départ, qui a été pervertie par un mécanisme de saupoudrage décidé depuis Paris et retirant presque toute efficacité à ce dispositif.

Les pôles de compétitivité constituent un excellent exemple de dévoiement de l'action publique. Moins nombreux que ceux que Cyrano croit affronter au seuil de son trépas, les ennemis sont là au nombre de deux : les rentiers (relayés plus ou moins efficacement par leurs lobbies) et le compromis, abandon qui retire toute grandeur à l'exigence politique. Mais qu'importe à ce stade ! Retenons seulement que les politiciens les plus libéraux étaient, eux aussi, tombés sous le charme du keynésianisme, faisant des arbitrages macroéconomiques la clef de voûte de la définition des conditions de la croissance.

Soyons honnête. Cette approche résolument « top-down » ne s'est pas toujours révélée inefficace. Pendant plusieurs décennies, elle a offert un cadre cohérent à l'action publique. Pour s'en convaincre, il suffit de revenir un peu en arrière. Au lendemain de la Seconde Guerre mondiale, toute l'Europe est à reconstruire. L'ordre économique a été mis à bas, mais il est facile à restaurer dans un cadre globalement simplifié. Il suffit de produire et de consommer. Le cadre est si simple que l'on peut même envisager de planifier.

Dans ce contexte, avec un État fort, l'impulsion keynésienne se révèle relativement efficace. On peut se fixer des objectifs de production. On peut sacraliser le salaire minimum (le SMIG en 1950 et le SMIC en 1970) ou le taux de croissance du PIB. On peut croire, en créant la DATAR, que même la décentralisation peut se piloter de Paris. On peut prendre des décisions Rue de Grenelle (siège du ministère du Travail) ou Rue de Varenne (siège de l'Hôtel Matignon) à l'instigation de la Rue de Rivoli (qui abrite, à l'époque, le ministère des Finances) ou de la Rue de Martignac (siège du commissariat général du Plan). Celles-ci sont mises en œuvre avec un certain succès, car l'économie est encore largement nationale et les articulations économiques sont encore relativement simples : pas d'entreprises mondialisées, une finance assez fruste et des monnaies qui s'échangent entre elles à parité fixe.

S'il n'y avait pas eu l'inflation, la vie aurait été belle. L'inflation, qui est au cœur de la logique keynésienne (l'inflation pousse à la consommation), va, en effet, contribuer à la destruction de ce bel équilibre. Au-delà d'un certain seuil, qu'il est impossible de fixer *a priori*, l'inflation, en perturbant les données du calcul économique – de l'entrepreneur aussi bien que du consommateur –, va déboucher sur la stagflation et va obliger à mettre en place un nouveau mode de régulation fondé sur la libéralisation des marchés et la privatisation des entreprises publiques.

Cette révolution copernicienne ne va pas entamer pour autant la conviction des politiques de l'époque que l'économie peut et doit être pilotée par le haut. Et la France, nourrie au lait du jacobinisme, applique ce catéchisme avec un zèle qui force l'admiration. C'est vrai, bien sûr, au niveau des grands équilibres. L'État dispose, dans ce domaine, de deux instruments cardinaux : la politique monétaire et la politique budgétaire. En ce qui concerne la politique monétaire, quoi de plus simple ? Le principal ennemi (voire le seul pour la Banque centrale européenne), c'est l'inflation. Pas l'inflation du prix des actifs (comme l'immobilier ou la Bourse) : ce serait trop compliqué de s'obliger à suivre l'évolution des cours de chaque actif et, de plus, cela ne servirait à rien puisque l'on contrôle la plus belle et la plus globale inflation qui soit, celle du prix des biens et services – le prix de la baguette de pain, censé refléter le prix de tous les actifs.

Voilà un indicateur qu'il est beau ! Plus synthétique, tu meurs ! Tant pis si l'on rate la bulle Internet en 2000-2001 ou la bulle immobilière des *subprimes* aux États-Unis en 2006-2007. L'important, c'est que l'on pilote un indicateur global contre les dérives duquel on dispose d'une arme, elle aussi globale, qui est le taux d'intérêt. Quoi de plus simple, dès lors, en matière de politique monétaire, que de faire varier les taux d'intérêt à court terme, à la hausse quand l'économie frôle la surchauffe ou à la baisse quand celle-ci ralentit ? À chaque alerte, il suffit de sortir son Greenspan ou son Trichet, qui feront les gros yeux (pour Trichet) ou les yeux doux (pour Greenspan). Ce regard hypnotique aura tôt fait de rassurer et de pacifier les marchés.

Pour la politique budgétaire, c'est à peine plus difficile. Commençons par dire que la politique budgétaire, depuis que la mode est au libéralisme, n'a plus autant la cote que pendant les Trente Glorieuses. L'État doit, en effet, s'abstenir d'intervenir à tout bout de champ. Pas d'intervention ciblée en matière de politique industrielle ou de politique sociale. Un bon gros objectif de limitation des dépenses publiques – les 3 % de déficit budgétaire du Pacte de croissance européen –, et le tour est joué. Pourquoi se fatiguer à se fixer des objectifs intermédiaires ciblés puisque les « anticipations rationnelles » des agents économiques déjouent en permanence les ruses de l'État interventionniste ?

Un exemple ? Prenons celui de l'« équivalence ricardienne » (du nom de David Ricardo, père fondateur, au XVIIIᵉ siècle, de l'économie libérale). Si l'État baisse ses impôts pour relancer la consommation, les citoyens, anticipant une hausse à venir de ceux-ci et donc une baisse future de leurs revenus, vont augmenter leur taux d'épargne, annihilant *ipso facto* les bénéfices qui auraient dû être tirés de la tempérance de l'État. Avec ce type de mécanisme, comment voulez-vous piloter avec doigté (ce qu'on appelait le *fine tuning*, du temps de la splendeur keynésienne) la politique économique ? Il vaut bien mieux s'en tenir à un bon vieux réglage macroéconomique de la conjoncture.

Dans ce cadre de pensée, il est parfaitement inutile de perdre du temps avec ce que l'on appelle les « réformes structurelles » comme la réduction ciblée des dépenses de l'État ou la fluidité du marché du travail. Ces réformes, dont nous payons l'absence aujourd'hui, sont bien trop compliquées à mettre en œuvre car elles se heurtent à des intérêts catégoriels bien compris et surtout sont bien moins spectaculaires qu'une superbe norme de déficit budgétaire ou de croissance de la masse monétaire.

Voilà pour le cadrage macro. Mais cette ambition globalisatrice, qui est vaine, on la retrouve à tous les niveaux de la démarche publique, sur le plan international comme sur le plan national. Avec l'exemple du Concorde, nous avons déjà abordé le domaine de la politique industrielle. Le syndrome du Concorde peut être décliné presque à l'infini, en particulier en France, pour qualifier la politique industrielle des années 1980-2010, du Minitel aux pôles de compétitivité en passant par le supergénérateur nucléaire. Au niveau agricole, quel meilleur exemple trouver que la PAC ? La politique agricole commune a été conçue, dans les années 1960, pour assurer la sécurité alimentaire de l'Europe et pour éviter les crises conjoncturelles de surproduction. Les instruments de régulation de la PAC, par nature globaux, s'appelleront ainsi MCM (montants compensatoires monétaires) ou « prélèvements » (pour la taxation des importations) ou encore « restitutions » (pour les subventions aux exportations).

Une fois la sécurité alimentaire de l'Europe assurée, pensez-vous que la PAC serait suspendue ? Vous plaisantez. Les lobbies de la Beauce veillent au grain. On va continuer à subventionner les – gros – agriculteurs en essayant de mieux cibler les aides pour répondre à des objectifs toujours aussi globaux, tel l'objectif écologique. Ce fut la période du découplement des aides et des DPU (droits à paiement unique), supposé favoriser une agriculture plus responsable, mais toujours aussi génératrice de rentes. Quoi de mieux dès lors que d'être alors riziculteur en Camargue ou dans la plaine du Pô (jusqu'à 7 000 euros de prime annuelle à l'hectare), alors même que la production d'un « riz européen » n'apparaît pas à quiconque de sensé comme étant aveuglante de nécessité et surtout d'urgence ? Ou quoi de mieux que d'être reine d'Angleterre et de percevoir 250 000 euros de subventions annuelles de Bruxelles pour assurer une agriculture plus bio à ses ex-vassaux ?

En matière environnementale, on retrouve la même démarche. Il suffit de se réunir avec un nombre de pays suffisant pour être sûr de n'arriver à aucun compromis efficace dans un délai raisonnable. Cela peut être alors baptisé « protocole de Kyoto » et donner ainsi bonne conscience à tous les pays les plus raisonnablement pollueurs de la planète.

En matière d'aide au développement, cela s'appelle le « consensus de Washington », cela est mis en œuvre par le FMI et cela se traduit par les mêmes recettes néolibérales appliquées de manière indifférenciée à des pays dont les causes des difficultés et les ressorts de sortie de crise sont strictement incomparables. Le résultat ne s'est pas fait attendre. Quelques chiffres parmi d'autres : un taux de mortalité infantile qui a augmenté en Zambie de 54 % dans les trois années qui ont suivi l'application du Plan d'ajustement structurel ; des dépenses d'éducation par habitant divisées par six sur la même période ; et 37 millions de dollars consacrés à l'enseignement primaire de 1990 à 1993, contre 1,3 milliard au service de la dette... L'expression même de

« consensus de Washington », il fallait vraiment l'inventer. L'économiste John Williamson l'a fait en 1989. Consensus de qui ? Des gendarmes, bien sûr. Et « de Washington », pour montrer que le consensus s'élabore, bien évidemment, en étroite concertation avec les pays récipiendaires...

Cette approche « top-down » ne s'applique pas seulement à la chose publique. Elle concerne aussi l'entreprise privée. On découvre là le merveilleux pays de la gouvernance d'entreprise et de l'imperium des *shareholders*. Une entreprise n'est plus dirigée par son *management* (la technostructure chère à Galbraith), mais par ses seuls actionnaires. Pas de bras, pas de chocolat ! Pas d'actions, pas de pouvoir !

L'actionnaire décide de tout, même de ce qui ne le regarde pas directement, comme la politique salariale, qu'il devrait *a priori* déléguer au « management » de l'entreprise. C'est vrai pour les actionnaires individuels, mais surtout pour les actionnaires institutionnels (fonds d'investissement, compagnies d'assurance, fonds de pension...). Seul compte l'actionnaire. L'entreprise privée, *a fortiori* si elle est cotée en Bourse, repose sur une structure de pouvoir de type « top-down ». Le tout-puissant PDG qui règne sans partage sur son entreprise est, lui-même, soumis à l'imperium suprême qui est celui des actionnaires.

La structure mutualiste, par essence « bottom-up », est, quant à elle, priée de s'adapter et de se plier, pour financer sa croissance, aux règles du marché et de la cotation en Bourse. On aurait pu espérer que, à l'occasion du scandale Enron, les régulateurs auraient tiré certaines leçons et mis en place des modes de gouvernance d'entreprise plus démocratiques. Il n'en a rien été. En 2012, cinq ans après l'éclatement de la crise, mis à part la loi Sarbanes-Oxley aux États-Unis, rien ou presque n'a été fait pour susciter des contre-pouvoirs à la dictature actionnariale dans l'entreprise.

C'est bien la même démarche qui imprime sa marque à la gouvernance du monde depuis plus d'un demi-siècle. L'analyse et la prise de décision se font au sommet et, une fois l'orientation donnée, on confie aux instances intermédiaires un rôle de simple exécution. Cela est vrai dans tous les pays, mais peut-être plus encore en France. La famille jacobine s'est perpétuée et ses rejetons se coulent avec volupté dans cette approche keynésienne de domination sommitale. Cette approche va toutefois connaître, avec la crise, une remise en cause radicale.

La fin des illusions

Le monde s'est infiniment complexifié depuis le début des années 1980. La révolution libérale s'était donné pour objectif de simplifier les mécanismes économiques en « karchérisant » les structures administratives et en confiant à la « sagesse » des marchés le rôle de régulateur ultime. En fait, cette simplification n'en a pas été une. Bien au contraire. La domination progressive de la logique de marché s'est traduite par une incroyable complexification des relations entre agents économiques.

La mondialisation, dont on nous a rebattu les oreilles, c'est quoi au juste ? D'abord, c'est un terme impropre. Ce qui s'est produit, c'est un triple mouvement de privatisation, de libéralisation et d'internationalisation. Privatisation pour sortir des griffes de la tyrannie administrative ces entreprises qui ne demandaient qu'à s'épanouir au grand vent de la concurrence et de l'économie de marché. Libéralisation pour échapper au joug de l'économie protégée, et donc rentière. Internationalisation pour exporter sa compétitivité dans les pays qui se dotaient des mêmes règles libérales que celles qui s'imposaient à tous nos « champions nationaux ».

Ce triple mouvement a tout chamboulé. Les pays se sont mis à s'ouvrir et sont devenus conquérants. Les instances de gouvernance mondiale comme le FMI et l'OMC ont accueilli de nouveaux acteurs (les pays émergents, notamment) et les relations au sein de ces instances se sont antagonisées. Les industries se sont, de plus en plus, pensées comme mondiales et les plus soumises d'entre elles aux innovations technologiques ont même perdu toute conscience nationale. Les entreprises ont découpé leurs processus de production entre différents pays pour profiter au maximum des différentiels de salaire, de croissance de marché et même de fiscalité. La baisse continue et rapide des coûts de transport a permis aux dirigeants de grandes entreprises de jouer à un nouveau Monopoly où, sur ces différents plans, il suffisait de dire :

« Rue de la Paix, j'achète. » Ce faisant, ces entreprises mondialisées ont créé de l'interdépendance – entre leurs différentes usines et leurs différents marchés – et donc aussi, inéluctablement, de la dépendance. Même les salariés, devenus plus mobiles, ont contribué à cette complexification.

La financiarisation croissante de cette économie globalisée a servi à ce processus à la fois de moyen – tout pouvait désormais être financé – et de fin – tout était fait pour créer, sinon de la valeur ajoutée, au moins de la richesse.

Dans ce contexte, la lecture convenue de la crise actuelle apparaît dérisoire. Qui peut sérieusement penser que la crise qui secoue, depuis cinq ans, l'économie mondiale a pour cause l'effondrement d'un marché – celui des crédits *subprimes* aux États-Unis – de petite taille (1 500 milliards de dollars, alors que l'ensemble des marchés dérivés représente plus de 700 000 milliards de dollars), mais surtout qui se trouve très faiblement connecté aux autres marchés de la finance ? Plus personne aujourd'hui. La crise actuelle repose, bien entendu, sur des fondements macroéconomiques. En premier lieu, sur un déséquilibre d'épargne d'une ampleur sans précédent qui, prenant l'Histoire à rebrousse-poil, a fait des pays du Sud, jadis considérés comme des pays du « Tiers Monde », les principaux créanciers des pays dits « développés ».

Les pays que l'on a condescendu à considérer comme « émergents » ont accepté de « travailler plus pour gagner (à peine) plus ». Mais, nourris au lait de la tempérance, voire de l'abstinence – faute de système de sécurité sociale et de retraites dignes de ce nom –, ils ont accumulé des réserves de change qui ont fait d'eux les véritables banquiers de la planète. Quelque 3 000 milliards de dollars de réserve de change pour la seule Chine, soit l'équivalent du PNB américain. Cette âme de fourmi a permis aux cigales du Nord de chanter pendant de nombreux étés en faisant de l'endettement le moteur de leur consommation, et donc de leur croissance. Cela ne pouvait pas durer éternellement. À un moment ou à un autre, il faut bien commencer à rembourser. Ce qui est désormais écrit – en tout petit – sur les formulaires de crédits bradés aux caisses de nos grandes surfaces s'impose aussi aux États.

L'autre cause macroéconomique de la crise découle de ce déséquilibre et tient à l'excès de liquidité créé par les banques centrales en général, et par la Fed américaine en particulier. Dans les années 2000, chaque fois que l'économie des États-Unis marquait une pause, si imperceptible fût-elle, Alan Greenspan sortait sa bonne vieille planche à billets. Pensez donc : une liquidité mondiale multipliée par trois en moins de dix ans dans une économie « réelle » qui se développait au rythme – déjà historiquement très élevé – de 4 % par an ! Cela ne pouvait que créer des « bulles » qui éclataient et se regonflaient au gré des modes et des « exubérances » de marché, mais aussi des pertes de confiance et des atterrissages forcés.

Telles sont les deux sources macroéconomiques de la crise actuelle. À ces dysfonctionnements majeurs, on peut envisager de répondre par des mesures de politique économique keynésienne. Pour ce qui concerne les déséquilibres d'épargne, les politiques budgétaire et fiscale paraissent parfaitement adaptées. « Il suffit » (expression qu'adorent les économistes...) de relancer la consommation dans les pays émergents et de relancer l'épargne, sur fond de rigueur budgétaire, dans les pays du Nord. Et, pour ce qui concerne la surliquidité, la réponse est encore plus simple puisqu'il s'agit d'une décision de politique monétaire. « Il suffit » de resserrer – pas trop précipitamment – les robinets du crédit.

Ces mesures auraient pu se révéler efficaces au début des années 2000. Elles sont inopérantes aujourd'hui car, nous le verrons, la crise est passée par là. Mais il s'agit bien là de ressorts d'ordre macroéconomique. Or la crise actuelle n'est macroéconomique que par agrégation de dysfonctionnements d'ordre micro- et méso-économique[1].

Les causes profondes de la crise sont ainsi au nombre de quatre : la désindustrialisation, la course folle au rendement boursier, la titrisation et la procyclicité de la finance. Reprenons ces différents phénomènes.

La désindustrialisation n'est pas une mesure dictée par un quelconque gouvernement du haut de son Capitole. C'est le produit d'une myriade de décisions individuelles d'entreprises, assoiffées de faibles coûts de main-d'œuvre ou de marchés en forte croissance. Le résultat est bien macroéconomique – avec l'effondrement du tissu industriel des pays développés –, mais la cause relève de la stratégie d'entreprises qui ne se sont en rien concertées.

Deuxième phénomène : la course folle au rendement boursier. Qui a, un jour, décrété que son épargne devait avoir pour ambition d'atteindre un taux de rendement annuel de 15 % ? Ce n'est ni le patron de la Fed, ni le président des

---

1. Entre la micro- et la macroéconomie, la mésoéconomie est aussi appellée « économie industrielle ».

États-Unis. C'est un objectif qui a été fixé par d'obscurs gérants de fonds de pension qui, au fil des conventions professionnelles, se sont convaincus que cette règle était d'or. Le résultat ? Une pression s'exerçant sur les dirigeants d'entreprise qui devaient désormais garantir, trimestre après trimestre, une hausse à deux chiffres de leurs résultats. Un taux de 15 % dans une économie mondiale qui croissait, à l'époque, de 4 %, cela ne pouvait que provoquer la disparition des plus faibles et exiger la prise de risque maximale pour les plus forts (ou, au moins, pour la plupart d'entre eux). Rien d'étonnant à ce que les jeunes pousses de la bulle Internet en 2001 et certains *majors* de la banque de marché en 2007 aient implosé en vol.

Troisième phénomène : la titrisation. À savoir la transformation des crédits faits par les banques (qui sont des contrats, de droit privé et strictement bilatéraux, entre la banque et son client, et qui sont donc, par nature, des actifs non liquides) en produits de marché – un peu comme des parts de SICAV – qui sont, eux, parfaitement liquides et donc transférables. Avantages du système ? Pour la banque, la capacité à faire de nouveaux prêts, une fois ces actifs transférés à des tiers. Pour l'épargnant, la possibilité de disposer d'actifs *a priori* rentables auxquels il n'aurait pas pu avoir accès directement. Inconvénients ? Le risque de ces crédits, une fois « repackagés » dans des SICAV de titrisation, par qui est-il porté ? Demandez aux clients de Lehman Brothers et, plus grave encore, au supposé superviseur de cette même banque, vous serez surpris par l'embarras de votre interlocuteur, pourtant supposé « professionnel avisé », car lui-même ne connaît pas la réponse à cette question. Là encore, les opérations de titrisation n'ont pas été imposées aux banques par leurs autorités de tutelle. Là encore, la crise trouve son origine dans une multitude de décisions individuelles qui, mises bout à bout, font la crise des *subprimes* et celles qui ont suivi.

Enfin, dernier phénomène : la procyclicité de la finance. La finance est structurellement procyclique. Elle souffle avec le vent. Quand ça va bien, toutes les banques prêtent à tout le monde, y compris aux clients les moins solvables. Ce faisant, les banques permettent le financement de projets qui contribuent à nourrir la croissance économique. *A contrario*, quand la conjoncture se dégrade, les banques sont plus prudentes (parfois trop) et donc contribuent, par leurs financements plus timides, à nourrir la spirale dépressionniste. Telle a toujours été la finance. Il suffit qu'à cela s'ajoutent quelques règles procycliques pour que la mécanique s'emballe.

Un exemple ? La notation. Les trois agences de notation qui dominent le marché mondial sont parfois critiquées. À tort, car elles ne font que leur travail. Lequel consiste à donner de bonnes notes aux entreprises et aux États quand ceux-ci vont bien, et donc à améliorer leur situation en diminuant le coût de leur endettement, et, au contraire, à baisser la note des mêmes États et des mêmes entreprises quand elles jugent que leur situation se dégrade, fragilisant ainsi *ipso facto* leur position concurrentielle. En faisant juste leur métier (on peut, par ailleurs, contester la manière dont elles le font, mais c'est un autre sujet), les agences de notation amplifient mécaniquement les cycles économiques.

Ce qui pose problème aujourd'hui, ce n'est pas l'existence de la notation (ce n'est pas en interdisant les thermomètres que l'on guérit plus efficacement les malades...), mais la quasi-obligation qui est faite de tout noter à tout instant sans tenir compte de l'environnement économique dans le cadre duquel ces notations sont perçues par les marchés. La notation s'impose ainsi, venue d'on ne sait trop où, à toute entreprise et à tout État dès lors qu'ils veulent emprunter sur les marchés. D'où la panique qui s'est emparée de Nicolas Sarkozy quand Moody's a décidé de faire perdre à la France son inestimable triple A. Soit dit en passant, le fait même que les médias très grand public se soient passionnés pendant quelques semaines pour cette perte du triple A témoigne à la fois du désarroi des Français et – ce qui est une très bonne nouvelle – de la capacité de ceux-ci à se passionner, ne fût-ce qu'un instant, pour la chose économique dans ce qu'elle peut avoir de plus technique et de moins « bling bling » en apparence.

Les principales causes de la crise sont réunies. Toutes reflètent une même réalité. La crise actuelle ne peut s'expliquer que marginalement par des enchaînements macroéconomiques spontanés, mais bien plus par des dysfonctionnements qui plongent leurs racines dans la réalité des entreprises et des comportements individuels. Et la sortie de crise passera donc nécessairement par l'impulsion donnée à la modification de nombreux comportements. Cessons donc de prendre la crise pour ce qu'elle n'est pas et acceptons de voir la réalité en face ! La crise actuelle est le pur produit d'un aveuglement collectif découlant d'une erreur de perspective générale. À trop regarder les choses d'en haut, on a écrasé les reliefs et donc sélectionné les mauvais instruments de pilotage. Vu de face, Usain Bolt ne court pas plus vite que Christophe Lemaitre, notre « star » nationale du 100 mètres. De profil, c'est tout autre chose !

Cette tragique erreur de perspective se décline à tous les niveaux de la réalité économique. C'est évident tout d'abord au niveau macroéconomique. Les blocages actuels tiennent à une mauvaise lecture des mécanismes économiques.

En parlant de notation, nous avons déjà parlé de normes. Sans normes, il n'est pas de vie pacifiée en société. Mais tout dépend de qui édicte les normes et de la façon dont celles-ci sont appliquées. Quand les normes sont édictées par des instances administratives sur la base de leur seul savoir, quelles que soient l'honnêteté intellectuelle et la compétence des fonctionnaires concernés, on peut s'interroger (doux euphémisme) sur l'adaptation de ces normes à la réalité. De même, quand les normes, quelles qu'elles soient, sont appliquées sans tenir compte des circonstances exceptionnelles dans lesquelles nous vivons – autrement dit, en cas de crise –, on peut s'interroger sur la pertinence des modalités de leur mise en œuvre.

Évoquons trois exemples révélateurs. Les nouvelles normes comptables dites de *fair value* (applicables à compter du 1ᵉʳ janvier 2005) obligent toutes les entreprises de tous les pays à valoriser leurs actifs à leur valeur de marché. Jusque-là, pas de problème. Sauf dans deux cas : d'abord, quand il n'existe pas de marché pour ces actifs (ce qui est le cas des crédits bancaires non titrisés, qui sont des contrats de droit privé) ; ensuite, quand les marchés qui existent se mettent à ne plus fonctionner (ce qui fut le cas, pour de nombreux marchés d'actifs financiers, au lendemain de la faillite de Lehman Brothers). Dans un tel contexte, il existe bien des modèles théoriques de valorisation des actifs, mais ceux-ci sont fondés sur des conventions qui tendent à amplifier les cycles, ce qui est particulièrement pénalisant en période de crise.

Autre exemple : les normes prudentielles, aveuglément globales, qui s'appliquent aux banques. Ces normes, dites de « Bâle III » (Bâle abritant le siège de la Banque des règlements internationaux, la banque centrale des banques centrales), ont été conçues, au début des années 2000, pour renforcer la sécurité du système financier dans une période marquée par une croissance économique mondiale d'une ampleur et d'une stabilité – au moins apparente – sans précédent. Résultat ? En période de crise, l'application de ces normes conduit, en Europe, à pénaliser le financement des PME (en imposant à ce type de financement des exigences très élevées en matière de fonds propres des banques) alors même que l'on sait très bien que ce sont ces entreprises (et non celles du CAC 40) qui sont, seules, à l'origine de la création d'emplois.

Dernier exemple : les normes prudentielles applicables aux compagnies d'assurance. Ces normes, dites de « Solvabilité II », ont, elles aussi, pour objectif de garantir la sécurité des actionnaires et des clients des compagnies d'assurance. Le résultat est une quasi-interdiction faite à celles-ci de détenir des actions d'entreprises dans leur portefeuille, ce qui revient à tarir une des rares sources de renforcement des fonds propres des entreprises au moment même où celles-ci en ont le plus besoin.

Au travers de ces trois exemples, on perçoit mieux quelles sont les limites de toute stratégie « top-down ». Les normes sont nécessaires, mais elles sont, par nature, rigides. La flexibilité de l'économie globalisée n'est qu'apparente. En réalité, nos économies sont de plus en plus engoncées dans des carcans administratifs et juridiques qui limitent leur capacité d'adaptation en temps de crise.

Ces trois normes, définies en période de croissance forte, hypothèquent toute stratégie de sortie de crise. Pourquoi ne pas les suspendre provisoirement aujourd'hui puisqu'elles se révèlent contre-productives aux yeux de tous les opérateurs et analystes concernés ?

Ce qui est vrai des normes comptables et prudentielles l'est aussi des nouvelles règles environnementales. Ne perdons pas de temps avec le diagnostic tiré des colossaux travaux du Groupe d'experts intergouvernemental sur l'évolution du climat, le GIEC, aboutissant presque tous à la même conclusion : notre planète est menacée et l'activité humaine y est pour plus que quelque chose (même si la quantification exacte du rôle joué par celle-ci dans la dégradation des conditions environnementales prête encore à discussion). Cette prise de conscience a le mérite d'obliger la science économique à se réformer et à s'enrichir d'une nouvelle variable, l'environnement. La sous-estimation, par le passé, des « effets externes » de la croissance contraint désormais la science économique à introduire une nouvelle boucle rétroactive (au sens thermodynamique du terme) dans l'équilibrage économique global. C'est une bonne chose : l'analyse de la croissance économique ne peut dorénavant plus réduire la variable environnementale à un rôle supplétif.

Cela posé, l'intégration de la variable écologique dans le raisonnement économique et politique conduit parfois à des absurdités. Nous n'en prendrons que deux exemples. Le premier est, d'une manière générale, le principe de précaution. Le besoin de protection est universel et sa satisfaction est une des preuves les plus éclatantes du développement. Ce principe, érigé en dogme en 1992 au Sommet de la Terre à Rio et inscrit en 2005 dans la Constitution française, contribue toutefois à faire baisser l'efficacité productive, parfois au-delà du raisonnable. Si nous étions en période de pléthore et si certaines inégalités n'avaient pas tendance à se creuser sous les rudes coups du ralentissement de la croissance, il n'y aurait aucun problème à entourer de mille précautions la fabrique de nos conforts. Mais tel n'est pas le cas aujourd'hui. Commander 94 millions de doses de vaccin quand 22 cas seulement d'une maladie importée sont décelés, cela ne constitue pas seulement une erreur individuelle, mais un véritable aveuglement collectif. Quand on détruit les antennes relais pour pallier l'hypothétique radiation électrique, quand on oblige à reconfigurer tous les ascenseurs à la suite du décès accidentel d'un enfant – offrant ainsi une rente quasi perpétuelle à M. Koné, le pape du monte-charge –, ou encore quand on abat 300 000 vaches pour lutter contre un mirage sanitaire, tout cela à grands coups de lois et de décrets, on est en droit de se demander si l'on ne mélange les moyens et les fins, et si, une fois de plus, par vertu mal placée, on ne lâche pas la proie pour l'ombre.

Une autre dérive de l'attention environnementale portée de trop haut touche au refus de l'expérimentation. On reste toujours là dans les déviances du principe de précaution. Douter des bienfaits de certaines avancées de la science, quoi de plus normal ? Mener des expérimentations contradictoires en s'assurant de l'objectivité de celles-ci, quoi de plus rationnel ? Mais tourner le dos aux OGM ou au gaz de schiste alors même que la planète s'approche dangereusement du *peak oil* (seuil à partir duquel la production pétrolière va décliner du fait de l'épuisement des réserves exploitables) et que des centaines de millions d'individus souffrent de la faim jusqu'à en mourir, n'est-ce pas là un comportement parfaitement irresponsable ? Encore une fois, cet essai ne vise en rien à défendre l'idée d'une croissance à tout prix. L'objectif est ici de critiquer les approches trop globales qui ont mis l'humanité sur la voie de la croissance, mais qui, aujourd'hui, nous éloignent des chemins de traverse que la crise nous oblige à prendre. Plus encore, cet essai vise à traiter de manière plus proche du terrain les incontournables problèmes que pose la croissance économique dans un monde qui s'est incroyablement complexifié.

Troisième registre dans lequel l'approche « top-down » trouve ses limites naturelles : celui du social. Nous n'en prendrons ici que deux exemples particulièrement symboliques. Celui du SMIC en premier lieu. L'intention de départ, pendant les Trente Glorieuses, était certes louable : assurer aux travailleurs français un minimum salarial compatible avec l'objectif keynésien de soutien de la demande. Ce n'est pas le principe qui est ici en cause, mais son application de manière indifférenciée, et son érection en référence hautement symbolique du dialogue social. Ce nouveau fétiche conduira nécessairement à une bipolarisation du salariat que la crise ne fera qu'amplifier. Hors le SMIC, point de salut pour le patronat ? Si, le refus d'embauche et la précarité. La France bat tous les records en matière de pourcentage de salariés travaillant au salaire minimum. Les allégements de charges patronales bénéficiant aux smicards ont dissuadé les chefs d'entreprise d'embaucher d'autres salariés que ceux-là et, plus grave encore, d'augmenter les salaires au-delà de 1,6 SMIC, seuil fatidique pour bénéficier des exonérations fiscales. En période de crise, l'enfer est, bien souvent, pavé de bonnes intentions.

Plus symboliques encore de cet aveuglement collectif : les trente-cinq heures. Là aussi, les intentions de départ – non de Martine Aubry, mais de DSK, le véritable inspirateur de cette réforme – étaient louables : une amélioration de la productivité et un meilleur partage « Travail-Loisir » étaient au bout du chemin. Las ! C'était compter sans les méfaits d'une loi du type « *one size fits all* » appliquée à un domaine aussi complexe que l'organisation du travail. Quoi qu'elles en disent, les grandes entreprises s'en sont plutôt bien tirées, mais ni les PME ni les grandes organisations soumises à contrainte horaire, comme les hôpitaux.

Ce qui est vrai pour le marché du travail l'est aussi de la plupart des autres champs du social. Deux exemples parmi d'autres. La formation professionnelle, dont le cadre juridique a été établi en 1971, reposait, au départ, sur la généreuse idée de permettre aux salariés de prendre en marche l'« ascenseur social ». Celui-ci montant presque tout seul au cours des Trente Glorieuses, la formation professionnelle s'est progressivement détournée de ses missions initiales pour devenir une des principales cagnottes des organisations syndicales. Aujourd'hui, l'« ascenseur social » étant en panne, la formation professionnelle, qui pourrait contribuer à fluidifier le marché du travail, ne peut plus jouer ce rôle, faute de moyens mobilisables et de flexibilité.

Autre exemple, plus général : la protection sociale. L'État a cru pouvoir se servir des cotisations patronales pour alimenter sa politique de dépenses publiques. Résultat ? Ce qui était efficace en période de croissance ne l'est plus en période de crise. Contrairement à ce que dit la droite à nouveau depuis quelques mois et à ce que colportent les marchés financiers et les médias, les Français, toutes catégories confondues, ne paient pas plus d'impôts que les autres. La seule différence (mais elle est de taille : de l'ordre de 1 à 4) concerne les cotisations patronales. Une fois de plus, l'État s'est contenté de raisonner en grandes masses sans se préoccuper le moins du monde de ce que pouvait vivre sur le terrain la pauvre PME exportatrice qui s'efforçait, jusqu'à la crise, de créer des emplois. Ne pleurons pas trop longtemps sur le sort des « pigeons » dont les « malheurs de riches » prêtent même, parfois, à sourire. Mais relisons un peu nos classiques en matière de comportement des entreprises face à une fiscalité jugée confiscatoire.

Un clin d'œil pour conclure sur les dérives intellectuelles d'un keynésianisme triomphant. Ce qui constitue, sans aucun doute, le manuel de *Politique économique* de langue française le plus abouti (Agnès Benassy-Quéré, Benoît Cœuré, Pierre Jacquet et Jean Pisani-Ferry, De

Boeck, 2012) conclut le chapitre sur les politiques de l'emploi par cette phrase, que l'on ne peut pas ne pas trouver touchante : « Les différentes politiques évoquées ci-dessus [toutes globales] n'épuisent pas les instruments d'une stratégie pour l'emploi : pour n'en citer que quelques autres, la formation, l'appui à la création d'entreprises et l'extension de l'accès au crédit des nouvelles entreprises, le renforcement de la concurrence sur le marché des biens, ou encore la suppression d'entraves à la mobilité géographique, peuvent aussi y concourir. » Ce serait, en effet, trop facile de traiter des vrais sujets de toute politique de l'emploi !

De même ne peut-on clore ce chapitre sans faire référence à l'actualité géopolitique. On aurait pu penser que, à la lumière des premiers enseignements de la crise, les responsables de la régulation mondiale allaient mettre un peu d'eau dans leur mélasse régulatrice. Il n'en est rien. On sait bien pourtant que la potion que l'on essaie de faire avaler à la Grèce est proprement imbuvable. Elle doit certes être administrée à ce pays après autant de mensonges et de lâchetés de la part de ses dirigeants de tous bords. Mais il ne sert à rien que la troïka (FMI, Union européenne et BCE) fixe à la Grèce des objectifs louables dans leur principe, mais totalement inaccessibles et contre-productifs. Seules des mesures ciblées, en matière de fiscalité notamment, ont une chance d'être efficaces car pouvant être soumises à évaluation objective : bienvenue alors en Grèce à l'Église orthodoxe et à l'écrasante majorité des armateurs autochtones ! Non pas qu'un cadre global d'action de l'État ne doive pas être défini, en Grèce ou ailleurs ; mais il ne peut plus constituer aujourd'hui l'*ultima ratio* de la politique économique.

La politique économique doit donc changer de visage. Trop globale à ce jour, elle doit à la fois se simplifier et se polariser. Pourquoi des recettes qui ont marché pendant un demi-siècle – certes avec des à-coups et de manière de moins en moins convaincante – se révéleraient-elles inefficaces aujourd'hui ? Pour trois raisons : d'abord, la crise ; ensuite, et plus fondamentalement, l'hétérogénéité croissante des publics qu'elles visent (hétérogénéité accentuée par la perte de toute conscience de classe et de presque toute appartenance à un quelconque collectif) ; enfin – *last, but not least* –, l'interdépendance accrue des jeux économiques, fruit de la complexification des mécanismes qu'impulse le mouvement de globalisation.

Dans ce contexte, l'économie politique – « politique » étant pris ici dans son sens le plus large –

doit reprendre le pas sur le droit. La loi est le bras séculier de la gouvernance keynésienne. Toute impulsion macroéconomique doit correspondre à une loi. Or la loi provoque trois maladies dont les deux premières sont difficilement curables : l'esprit de rente, la défiance envers l'État (remarquablement décrite par Yann Algan, Pierre Cahuc et André Zylberberg dans *La Fabrique de la défiance*, Albin Michel, 2012) et la déresponsabilisation. Et quand la loi se veut plus précise, cela donne le florilège de niches fiscales et le labyrinthe des aides aux PME qui font à la fois le fugace bonheur de sous-ministres qui y accolent leur nom et le malheur de nombre de leurs bénéficiaires.

On peut pousser plus loin le raisonnement et considérer que l'approche « top-down » a atteint ses ultimes limites avec le libéralisme exacerbé qui a inspiré la politique économique depuis près de trois décennies. Il y a une irréductible contradiction entre politique économique « top-down » et primauté des règles de l'économie de marché. Dans une économie démocratique – pour Hu Jintao et son successeur Xi Jinping, c'est évidemment plus simple... – et libéralisée, les lois sont faites, soit pour être contournées, soit pour ne pas être appliquées, si ce n'est dans la lettre, au moins dans l'esprit.

L'État, réduit à sa plus simple expression, ne peut plus jouer le rôle d'« État bienveillant » rêvé par Adam Smith. Le fonctionnement même des mécanismes démocratiques, en multipliant les exceptions et les dérogations, retire à la loi et au règlement une bonne part de leur efficacité et, plus encore, de leur justice. En démocratie néolibérale, la loi crée des rentes, celles que l'économiste Jagdish Bhagwati a qualifiées de DUP (*Directly Unproductive Profit-Seeking*), lorsque le gain privé est supérieur au gain social marginal. Et tous les corps intermédiaires, censés jouer le rôle de contre-pouvoirs, se rendent complices – syndicats en tête – de ce déni de démocratie véritable. L'État se trouvant affaibli ne peut que jouer un rôle, plutôt malsain, d'arbitre des rentes et des privilèges. Quand la croissance accompagne cette dérive, le surplus de richesse créée masque les injustices, pourtant de plus en plus flagrantes. Mais tout cela n'est plus possible aujourd'hui. Car la crise est en train de « siffler la fin de la récré »...

CHAPITRE 3

Un changement de logiciel

Que le lecteur nous pardonne : nous allons devoir faire un – rapide – détour par la théorie économique. Qu'il se rassure aussi : ce sera court et extrêmement facile à suivre. La théorie n'est pas forcément ennuyeuse et absconse, et, en l'occurrence, elle se révèle indispensable. C'est d'une lecture simpliste et erronée de la théorie économique, par de nombreux économistes et la quasi-intégralité du personnel politique, que découlent tous les errements méthodologiques qui ont inexorablement conduit à la crise actuelle et, pis encore, aux erreurs de politique économique que nous avons à subir, jour après jour.

Si l'on retrace en quelques lignes l'histoire de la pensée économique depuis la fin de la Seconde Guerre mondiale, force est de constater que deux phases, nettement marquées, se sont succédé. Jusqu'au milieu des années 1970, guerre froide oblige, la lumière des projecteurs a été braquée sur le keynésianisme, d'une part, et le marxisme, de l'autre, la théorie libérale semblant, par construction, incapable d'offrir un cadre théorique à une politique économique résolument volontariste. Toutefois, face à la crise pétrolière et à celle des monnaies – en l'espèce, le dollar –, le credo libéral a rencontré de plus en plus d'oreilles attentives dans le camp des économistes, mais surtout des hommes politiques. Le libéralisme – qualifié de « néo » pour faire plus moderne – s'est ainsi, au tournant des années 1980, imposé, pour trois décennies, comme la « *one best way* » – traduisez : « pensée unique » –, même si le keynésianisme, lui aussi repeint en « néo », a continué à faire entendre sa petite musique jusqu'à ce jour.

Ce cheminement de la pensée économique s'est opéré sur la base d'axiomes parfaitement contestables. Mais il s'est aussi opéré (car, si l'erreur est humaine, elle n'est pas pour autant la règle ; ne désespérons donc pas de tous les économistes...) en s'enrichissant de nouveaux concepts qui ont permis de mieux comprendre pourquoi, de plus en plus souvent, la pensée dominante n'arrivait pas à épuiser l'explication d'une réalité en voie de complexification.

À la réflexion et avec le recul, on ne peut qu'être fasciné par l'inanité de certaines prémisses sur lesquelles repose la science économique moderne. Tout tourne, dans ce domaine, autour de deux véritables credo (le mot n'est pas trop fort) : la perfection de la concurrence et la rationalité des agents. La concurrence se doit d'être parfaite ; c'est au moins l'objectif de tous les gouvernements, de droite comme de gauche. Comme le démontre le théorème d'Arrow-Debreu, la concurrence, si elle est parfaite, conduit, en effet, à une affectation optimale des ressources. Dans un monde de plus en plus ouvert et toujours plus compétitif, la croyance dans les bienfaits de la concurrence s'impose donc tout naturellement.

Mais, entre cette croyance et la réalité, l'écart est, parfois, abyssal. Il n'est pas inutile de rappeler ici les cinq principales conditions que doit respecter une concurrence pure et parfaite : 1° l'« atomicité » des agents : tout le monde est petit et donc quasiment de même taille (de ce fait, le pouvoir de marché n'existe pas, pas plus que la concentration et la course aux parts de marché) ; 2° l'« homogénéité » des produits : pas de segmentation, pas de gammes, pas de différenciation de produits, réelle ou supposée (sans la « com » et la politique commerciale, la vie est belle !) ; 3° la perfection de l'information (la distorsion de l'information par la publicité, l'inégalité face à l'information et les délits d'initié sont donc un rêve) ; 4° la libre entrée des entreprises sur les marchés (les barrières à l'entrée érigées par les entreprises dominantes, les brevets et les licences, hors de ma vue !) ; 5° la « libre circulation » des hommes et des capitaux (le contrôle des changes et la lutte contre l'immigration, billevesées !).

Le lecteur non économiste est en droit de rester coi face à tant de simplifications abusives et de dénis de réalité. La théorie du « renard libre dans le poulailler libre » a, en effet, ses limites. Mais il faut que notre lecteur comprenne que, pour qu'un modèle s'équilibre de lui-même, il vaut mieux qu'il soit simple. En économie, la complexité est bien souvent l'ennemi du bien et, plus encore, du beau. Les subtilités, on pourra toujours les introduire après (ce que certains économistes libéraux et keynésiens ont fait par la suite).

Mais ce même lecteur n'est pas au bout de ses surprises, car le second pilier de la science économique contemporaine est la rationalité des agents. Là aussi, le bon sens populaire vient, au départ, au secours de la théorie économique : *a priori*, les agents économiques, particuliers et entreprises, se soumettent naturellement à la loi de la raison. La logique veut que l'*homo œconomicus* soit attiré par le bien-être et fuie comme la peste la contrainte, l'effort sans contrepartie et, pis, la douleur. Cet axiome est généralement vérifié, mais souffre malheureusement de nombreuses exceptions. Comment, en effet, intégrer dans ce schéma les croyances, les superstitions, les modes, les effets d'imitation, les passions, bref tous les particularismes de comportement dont la sociologie essaie d'identifier et de comprendre les ressorts ?

La théorie économique n'aime pas la sociologie (pas plus que l'histoire et la géographie, d'ailleurs). Dans sa version la plus aboutie, elle admet du bout des lèvres que cette rationalité puisse être « limitée » (Herbert Simon). Mais, d'une manière générale, la rationalité absolue reste la règle, en tout lieu, en tout temps et, surtout, sur tout sujet. Avec la théorie du « capital humain » (Gary Becker), l'amour, la religion, le sport, le crime entrent dans la logique du choix rationnel visant à maximiser les gains et à minimiser l'effort de tout agent économique. À partir de là, « l'individu universel, abstrait et asocial [devient] l'unique source de construction des sociétés » (Ghislain Deleplace). Même la paresse et l'inefficacité peuvent, avec les travaux de Cyril Parkinson et de quelques autres, devenir rationnelles : ralentir son rythme de travail, c'est à la fois démontrer à sa hiérarchie la complexité de celui-ci et lutter contre l'établissement de normes plus contraignantes. À partir de là, qui dit « rationalité des agents économiques » dit nécessairement « parfaite rationalité des marchés et, en particulier, des marchés financiers », comme nous l'a « démontré » avec brio la crise dans laquelle nous nous débattons aujourd'hui...

Il n'est d'aucune utilité ici d'entrer dans les détails de certaines conséquences tirées de ce double axiome – concurrence et rationalité –, comme l'impossibilité de toute agrégation des comportements, la représentativité de tout agent économique ou, mieux encore, la théorie des « anticipations rationnelles » (Robert Lucas et Thomas Sargent, entre autres) qui nient, pour toujours, toute efficacité à la politique économique (puisque toute action publique suscite une réaction économique qui annihile les effets de celle-ci). Théories qui, dans le meilleur des cas, prêtent aujourd'hui à rire. Faut-il alors définitivement désespérer de la science économique et jeter ainsi le bébé avec l'eau du bain ? Bien sûr que non. Car la science économique, en même temps qu'elle a outrageusement simplifié la réalité, a aussi forgé de nouveaux concepts, insuffisamment ou mal utilisés à ce jour, qui lui redonnent ses lettres de noblesse.

Parmi ces concepts injustement dévalorisés, nous voudrions dire deux mots de ceux qui nous semblent les plus prometteurs et les plus à même de fonder une science économique « bottom-up ». Ces concepts, de portée inégale, permettent de mieux comprendre la crise actuelle et donc d'élaborer de manière plus efficace une stratégie de sortie de crise. Florilège.

L'existence d'« effets externes » permet ainsi de mieux comprendre que certaines activités économiques (la finance, par exemple) ont plus de répercussions que d'autres sur leur environnement, et que l'État doit intervenir pour gérer les conséquences, positives ou négatives, de ces effets induits, qui ne sont pas pris en charge par les marchés.

Au-delà de la fable contée par James Mead en 1952 dans *The Economic Journal* de l'apiculteur et de l'arboriculteur, modestes agriculteurs ayant « inventé », *via* la pollinisation, le principe du *win-win*, le meilleur exemple d'effets externes est, bien sûr, celui de la pollution. Quand une entreprise produit des rejets toxiques ou quand un ménage émet du CO_2, ces agents économiques provoquent des dégâts qui affectent leur environnement sans pour autant être sanctionnés, par les mécanismes naturels de marché, pour les conséquences négatives de leur comportement.

Face à cette injustice, deux solutions sont possibles : soit l'interdiction, par la loi ou le décret (on retrouve là le bon vieux réflexe « top-down ») ; soit, plus subtil et plus efficace, l'application du principe pigovien (du nom de l'économiste Pigou qui a théorisé cette approche) du « pollueur-payeur ». Selon ce principe, celui qui a commis des dégâts irréversibles doit payer, soit la victime clairement identifiable, soit l'État pour que celui-ci puisse lutter efficacement contre les nuisances provoquées par les pollueurs. La taxe carbone constitue le meilleur exemple d'application de ce principe « pollueur-payeur ». Cette taxe illustre parfaitement la difficulté qu'il y a à mener une politique « bottom-up », puisqu'il faut un minimum de consensus et donc de responsabilité pour que la taxe ait une chance d'être efficace. Mais elle démontre aussi qu'une politique économique peut, en étant décentralisée, être plus juste.

Autre exemple d'effet externe : les conséquences de l'activité bancaire. Les banques sont des entreprises comme les autres, à la nuance près – qui est de taille – que le principal *output* bancaire, le crédit, a un impact sur l'économie dans son ensemble. Quand les banques serrent la vis du crédit, cela peut provoquer l'arrêt de la croissance ou, *a minima*, la disparition de certaines entreprises. C'est l'existence de tels effets externes qui justifie que l'industrie bancaire soit plus strictement réglementée que les autres. Dans cette logique économique, le principe « pollueur-payeur » devrait pouvoir s'appliquer et la politique prudentielle des banques se devrait d'être décentralisée – ce qu'elle n'est que très partiellement à ce jour. Preuve s'il en était besoin que la prise en compte des effets externes, même si elle enrichit de manière incontestable l'analyse économique, n'est pas, en elle-même, garante d'une politique économique intégrant la spécificité de toutes les situations. On progresse, mais on n'est pas encore au bout du tunnel.

Les « asymétries d'information » permettent, quant à elles, d'expliquer que certains médecins, en qui les patients ont toute confiance, puissent prescrire des antibiotiques à la moindre angine, en application frileuse du principe de précaution. Ou, mieux encore, que le marché des véhicules d'occasion, en mettant en présence des vendeurs de bonne foi et d'autres moins regardants et plus avides, peut conduire à évincer les premiers au détriment des seconds, la suspicion provoquée par le comportement des vendeurs les moins honnêtes contribuant à faire baisser les prix et donc à décourager les propriétaires de bonne foi. De même que « la mauvaise monnaie chasse la bonne » (loi dite « de Gresham »), les mauvaises voitures chassent les bonnes. Cette théorie, formalisée par George Akerlof dans un article au titre presque poétique (« The Market for "Lemons" », que l'on peut traduire par « Le marché des "tacots" », *Quarterly Journal of Economics*, 1970), vaudra à celui-ci le prix Nobel d'économie en 2001, aux côtés de Joseph Stiglitz, autre théoricien des « asymétries d'information ». L'« asymétrie d'information » conduit ainsi à un mécanisme de « sélection adverse » : l'agent économique fait exactement le contraire de ce que la règle qu'on lui applique vise comme résultat. Les règles qui s'appliquent à tous créent ainsi, non seulement des rentes, mais aussi des comportements pervers.

Le concept d'« aléa moral » (*moral hazard* en anglais) vient, pour sa part, au secours de ceux qui n'ont pas compris que les banques qui sont « trop grosses pour ne pas être sauvées par l'État » (« *too big to fail* ») seront poussées à prendre des risques disproportionnés par rapport à leur propre capacité de résistance. Ou que les souscripteurs d'un contrat d'assurance seront poussés à prendre des risques dès leur contrat signé. Ou que les agriculteurs soutenus par la PAC négligeront leur récolte une fois leur subvention obtenue. Le principe de l'« aléa moral » est celui de l'« épée de Damoclès ». Sans menace ni sanction, il n'est, bien souvent, pas de vertu. Dit autrement : l'assurance, quand elle mène à l'impunité, peut être mère de tous les vices. N'est-ce pas cette règle qui a directement conduit à la crise des *subprimes* ? Cela justifie, bien sûr, l'intervention de l'État, mais *a priori* de la manière la plus sélective et la plus ciblée possible. L'« épée de Damoclès », si elle est lâchée de trop haut, a toutes les chances de rater sa cible et, pis encore, d'estropier un innocent...

Poursuivons notre quête : la théorie de l'« effet d'aubaine » éclaire certains dysfonctionnements de la décision politique qui feront bénéficier certains « pigeons » de mesures qui n'ont pas été conçues à leur intention. L'histoire récente de la décision publique fourmille d'anecdotes relatives à ce qui, dans la réalité, revient à des détournements de procédures. Les aides aux PME constituent un terreau particulièrement fertile pour ce genre d'« abus de biens sociaux ». Il existe en France – c'est la Chambre de commerce et d'industrie de Paris qui l'a révélé en 2009 – plus de trois cents types d'aides aux PME, preuve s'il en était besoin de l'inventivité des sous-ministres de l'Industrie qui se sont succédé depuis quatre décennies. Un examen plus attentif de l'action de ces aides démontre de manière aveuglante que celles-ci profitent, dans plus de la moitié des cas, à des entreprises qui n'en avaient pas besoin ou, du moins, qui auraient œuvré dans la direction indiquée par cette dépense publique même en l'absence de celle-ci.

Cela vaut aussi, bien sûr, pour les décisions publiques inspirées des meilleures intentions du monde. Dernièrement, le Crédit Impôt Recherche, supposé aider les PME à ne pas baisser les bras en matière technologique en plein cœur de la crise, n'a-t-il pas été, pour partie au moins, détourné de son ambition première en profitant très majoritairement à des filiales de grands groupes parfaitement armées pour affronter les aléas de la conjoncture économique ? L'existence d'« effets d'aubaine » est la preuve la plus tangible de la nécessité de politiques économiques ciblées, dont la conception et la mise en œuvre se doivent d'être le plus près possible du terrain. C'est les pieds dans la glaise, et seulement dans cette posture, que l'on peut précisément séparer le bon grain de l'ivraie.

Enfin, la théorie du « passager clandestin » permet de mieux comprendre pourquoi la vertueuse Allemagne rechigne à coopérer avec ses partenaires européens dès lors qu'elle a profité, au travers de ses exportations, du laxisme budgétaire de ses petits camarades. Le « passager clandestin » est en permanence à la recherche d'« effets d'aubaine ». La différence, c'est que, là, le détournement de fonds publics ne relève pas du « péché d'omission », mais du « péché d'action », pour reprendre la subtile hiérarchie de la religion catholique. La duplicité n'est pas passive, mais active. Ce qui, sur le fond, revient au même : au gaspillage pour celui qui véhicule le fraudeur et donc à la perte d'efficience (et donc, un jour ou l'autre, du triple A).

Tous ces concepts fournissent, collectivement, une boîte à outils très utile pour sortir de la crise par le haut. Mais, parmi ceux-ci, il en est un qui souffre d'une indifférence particulièrement coupable et qui mérite aujourd'hui un réexamen approfondi. C'est celui de *subsidiarité*. Ce concept, issu de la science politique, vise à établir, dans un groupe quel qu'il soit, la meilleure dévolution possible des compétences. Selon ce principe, la responsabilité d'une action publique, lorsqu'elle est nécessaire, doit être allouée à la plus petite entité capable de résoudre le problème par elle-même.

Ce principe a une longue histoire. Le mot lui-même (qui, encore aujourd'hui, ne figure dans presque aucun dictionnaire de langue française, jacobinisme linguistique oblige) est d'origine latine et militaire, les *subsidiarii* étant les troupes de réserve qui viennent en appui d'une armée subissant des revers. On trouve le principe de subsidiarité chez Aristote et chez saint Thomas d'Aquin, mais c'est Althusius qui, au XVIIe siècle, en Allemagne, lui donne corps. Membre du syndic d'Emden, dans un pays fragmenté en plus de 350 principautés, Althusius considère que l'État ne doit pas intervenir à l'intérieur des communautés, mais s'occuper des seules missions qui relèvent de ses compétences, à savoir la paix, la défense, la police et la monnaie.

Le principe de subsidiarité apparaît alors comme un rempart dressé pour lutter contre la dérive totalitaire de l'État. Cette subsidiarité s'appuie sur l'organisation des corps intermédiaires chargés de gérer les activités qui relèvent de leurs compétences et pour lesquelles il n'est pas nécessaire que l'État intervienne. La Révolution française s'étant employée à supprimer les corps intermédiaires – la loi Le Chapelier, qui a mis fin en 1791 à tout type d'association à caractère professionnel, marquant, dans ce domaine, le triomphe du jacobinisme centralisateur –, le principe de subsidiarité trouvera pour uniques défenseurs, au XIXe siècle, Proudhon, l'anarchiste, animé par une haine viscérale du centralisme étatique, et l'Église qui, en quête d'une « doctrine sociale », s'appliquera, pendant un siècle, face à l'État et au capitalisme triomphant, à réhabiliter les corps intermédiaires (thème que l'on retrouvera dans l'encyclique *Rerum novarum*, promulguée en 1891 par Léon XIII, et, par la suite, dans le texte introductif au concile Vatican II en 1965).

Une fois de plus, c'est le génial François Perroux qui intégrera ce concept, philosophique au départ, dans l'analyse économique. Face à l'incapacité de l'État libéral à surmonter les graves crises sociales des années 1930, Perroux fera de la subsidiarité le pilier de l'« État neuf » : « De nombreuses tâches présentement confiées à l'État seront assurées aussi correctement, avec autant d'efficacité et à moindres frais dans le cadre de la région, dotée d'une existence et de moyens effectifs, et dans celui de la communauté de travail. Ces organes [...] sont en situation d'assurer la régularité et la continuité des échanges entre l'État et la société. »

Mais c'est, bien sûr, dans le cadre de la construction européenne que la subsidiarité trouvera une place prééminente, celle-ci étant inscrite dans l'article 5 du traité de Maastricht : « En vertu du principe de subsidiarité, dans les domaines qui ne relèvent pas de sa compétence exclusive, l'Union intervient seulement si, et dans la mesure où, les objectifs de l'action envisagée ne peuvent pas être atteints de manière suffisante par les États membres, tant au niveau central qu'au niveau régional et local, mais peuvent l'être mieux, en raison des dimensions ou des effets de l'action envisagée, au niveau de l'Union. » Dans le cadre européen, le principe de subsidiarité ne s'applique ainsi qu'aux questions relevant d'une compétence partagée entre la Commission européenne et les États membres, questions qui posent fréquemment des problèmes d'attribution. Il ne concerne donc pas les domaines relevant de la compétence exclusive de la Commission, comme la PAC, ni ceux qui demeurent de la seule compétence des États.

Ce principe, d'un côté, protège les compétences des États, mais, de l'autre, permet l'intervention de la Commission si « les objectifs [d'une] action envisagée ne peuvent pas être réalisés de manière suffisante » par les États, mais peuvent davantage l'être au niveau de celle-ci. Enfin, il répond à un souci de démocratie, les décisions devant « être prises le plus près possible des citoyens » (art. 1 du Traité sur l'Union européenne).

Le principe de subsidiarité, qui, comme nous le verrons, n'a rien à voir avec la décentralisation imposée par le haut, ne s'applique pas uniquement dans le cadre européen. Et c'est tant mieux car, à ce niveau peut-être trop global, sa mise en œuvre s'avère délicate, comme en témoignent certains bégaiements récents de la construction européenne. On retrouve ce principe au niveau des États-nations dès lors que la question du fédéralisme est posée en Allemagne (*Länder*), en Suisse (cantons) ou en Espagne (communautés autonomes). Mais on le retrouve aussi partout où se pose un problème de partage de compétences, dans l'économie prise globalement, mais aussi dans l'entreprise. Dans une économie « bottom-up », le contrat prime ainsi le régime. L'État est maintenu dans les plus essentielles de ses prérogatives, mais « la différence entre l'acteur et le garant sépare l'État-providence de l'État-subsidiaire » (Chantal Millon-Delsol).

Arrivés ici au terme de ce rapide survol de l'histoire de la pensée économique, tirons quelques conclusions générales, mais néanmoins fondamentales. D'abord, la rationalité des agents économiques n'est qu'une apparence, recouvrant des calculs qui ne conduisent pas tous nécessairement à une allocation optimale des ressources et donc à l'efficacité et à la justice. Pis : le prix, expression supposée parfaite de l'équilibre d'un marché, n'est en fait, dans bien des cas, qu'un leurre. Dans un récent article (« Saving Economics From the Economists », « Sauvons la science économique des économistes », *Harvard Business Review*, décembre 2012), Ronald Coase, cent un ans, prix Nobel d'économie 1991 et fondateur de la théorie de l'entreprise à la fin des années 1940, résume merveilleusement ce paradoxe : « Au moment où l'économie fonctionne de plus en plus avec des institutions, la réduction de la science économique à une théorie des prix est assez troublante. Il est suicidaire, pour la discipline, de glisser vers une science dure, ignorant les influences de la société, de l'histoire et de la politique sur l'économie. » On ne saurait mieux dire !

Autre découverte de notre « chasse au trésor » théorique : l'hétérogénéité des agents économiques. Si la science économique a fauté, au cours des trois dernières décennies au moins, c'est par son obsession globalisatrice : il n'est de science économique que celle qu'on peut valider en tout temps et en tout lieu. Volonté d'universalité qui n'est que l'aveu pathétique d'une science qui se rêve dure, mais qui ne l'est pas.

Après avoir, en quelques pages écrites de manière volontairement cursive, tourné le dos à la doxa économique dominante et supplié le lecteur de reconsidérer certains concepts injustement sous-estimés, il est maintenant possible de construire une véritable économie « bottom-up ».

CHAPITRE 4

L'an I du « bottom-up »

Le programme du candidat à la présidence de la République, François Hollande, était un modèle de programme « top-down ». Cela est vrai en matière de santé (limitation des installations de médecins dans les zones surdotées) comme de logement (doublement du plafond du livret A ou encadrement des loyers) ; en matière de retraite (retour à la retraite à soixante ans pour certaines catégories de citoyens) comme d'emploi (annulation de la défiscalisation des heures supplémentaires) ; en matière d'innovation (déductions fiscales pour les investissements dans les « start-up ») comme en matière industrielle (BPI – Banque publique d'investissement –, sur laquelle nous reviendrons) ; en matière sociale (revalorisation du SMIC) comme en matière d'éducation (augmentation des effectifs) ; en matière d'environnement (baisse de la part du nucléaire) comme en matière bancaire (séparation des métiers de banque). Et, bien sûr, en matière fiscale (de la tranche à 75 % de l'IRPP au principe même d'alignement de l'imposition des revenus du capital sur ceux du travail).

Il n'y a là aucune volonté de caricature de notre part. C'est la triste réalité. Bien évidemment, en cherchant un peu, on trouve un certain nombre de mesures de type « bottom-up », comme la cession de certains terrains publics aux collectivités locales pour lutter contre la crise du logement, la création de « pôles de santé de proximité », ou encore la hausse du coût de certains licenciements « boursiers ». Dans le même ordre d'idées, on peut citer le dispositif de notation sociale pour les entreprises de même que certaines propositions concernant l'autonomie des universités et la représentation des salariés dans certains conseils d'administration. Le poids de l'actif n'est ainsi pas nul – preuve s'il en est que certains des conseillers du président de la République ont bien compris la nécessité de changer de logique –, mais le bilan n'en reste pas moins clairement et lourdement déséquilibré.

Que François Hollande se rassure. Il n'est pas le seul dirigeant de cette planète à avoir cédé aux démons de la politique économique de type « top-down ». Il n'est que de regarder d'un peu plus près le premier mandat de Barack Obama pour se convaincre que ce biais n'est pas une spécificité du modèle français. Les principales mesures mises en œuvre par celui que l'Europe et les États-Unis eux-mêmes attendaient comme le messie en 2008 ont été de type « top-down ». Ainsi en est-il, par exemple, de sa réforme de la santé, de sa politique de quotas globaux en matière d'énergie renouvelable, de sa législation sur le crédit à la consommation, de celle sur la lutte contre les paradis fiscaux, de ses abattement fiscaux pour les faibles revenus et de ses mesures visant à allonger les allocations chômage.

Bien sûr, il y a eu, aux États-Unis aussi, au cours des quatre dernières années, des mesures d'inspiration « bottom-up ». Mais la plupart d'entre elles ont été dénaturées et affadies (comme la loi Dodd-Franck sur les dérives de Wall Street, qui partait pourtant d'une bonne intention), ou, plus généralement, n'ont pas été mises en œuvre (comme la pérennisation du dispositif de Crédit Impôt Recherche ou les encouragements à l'établissement de nouvelles exploitations agricoles), ou encore, plus simplement, ont été rayées de la carte (comme le crédit d'impôt sur l'épargne retraite des ménages à faible revenu ou l'interdiction des bonus aux dirigeants des sociétés en redressement).

Esquisser ce que pourrait être une politique « bottom-up » n'est pour autant pas chose facile. Mettre en œuvre une telle politique ne revient pas à adopter, en toutes circonstances, la théorie du battement d'ailes de papillon. Cette théorie, énoncée en 1972 au cours d'une conférence devant l'American Association for the Advancement of Science (l'intitulé de la conférence renferme en lui-même le cœur de cette théorie : « Prédictibilité : le battement d'ailes d'un papillon au Brésil peut-il provoquer une tornade au Texas ? »), a certes fait la gloire de son auteur, le météorologue Edward Lorenz, et nourri les fantasmes de nombreux scientifiques et cinéastes. Cette théorie, qui fait écho au « nez de Cléopâtre » de Blaise Pascal et qui ne fait qu'alimenter la « théorie du chaos » – élaborée par Laplace et Poincaré, puis affinée par le mathématicien von Neumann –, reste célèbre, mais elle est aujourd'hui controversée, non pas quant au diagnostic porté sur les petites causes et les grands effets, mais quant au caractère opérationnel du constat.

Sortir du ghetto keynésien ne consiste pas à donner la priorité à tout ce qui vient d'en bas.

Les exemples sont légion de projets décentralisés mais stériles. Commençons par la politique. L'idée défendue par Ségolène Royal de promouvoir la démocratie participative part ainsi d'une bonne intention : redonner, au niveau national, la parole à la base et, ce faisant, court-circuiter la pesante hiérarchie technocratique et politique. Dans le cas du Parti socialiste, on ne voit pas très bien comment faire autrement que de donner un grand coup de pied dans la termitière de la rue de Solférino. Si, depuis la marginalisation du Parti communiste, il y a un parti organisé en France sur la base du principe du « top-down », c'est bien – à l'UMP près… – le PS. Les éléphants y sont nombreux et laissent bien peu de place aux jeunes talents et aux idées nouvelles.

Vouloir réformer ce modèle va, de ce point de vue, dans le bon sens. Encore faut-il que, au terme du processus de recherche de consensus, l'expression de la base ne serve pas uniquement à promouvoir les intérêts d'un(e) seul(e). Ce qui fait défaut au projet de démocratie participative, c'est un cadre conceptuel qui permette à la base de se faire entendre sans se faire manipuler. Et, dans ce domaine, le moins que l'on puisse dire, c'est que le « ségolénisme » ne s'est jamais fait remarquer par son originalité ni, surtout, par sa cohérence.

Pour sortir du registre strictement politique, il est intéressant de revisiter, dans le champ économique, un certain nombre d'idées à la mode qui ressemblent à du « bottom-up », qui ont le goût du « bottom-up », mais qui ne sont pas du « bottom-up ». Dans des genres très différents, on peut ainsi citer l'« agriculture raisonnée », qui, à force d'être raisonnée, se vend à des prix qui, eux, ne le sont pas ; ou bien le « commerce équitable », qui trop souvent fédère, sous une marque connue (comme Max Havelaar), des initiatives qui ne sont pas toutes aussi équitables les unes que les autres ; ou bien encore l'« Investissement socialement responsable », qui, lui aussi, abrite sous un même toit des politiques de gestion financière très hétérogènes, certaines d'entre elles ressemblant furieusement aux méthodes de sélection des actifs les plus conventionnelles et les plus « top-down ».

Le lecteur l'aura compris, je ne suis pas un ardent défenseur de toute forme de décentralisation. Dans ce domaine, le microcrédit constitue un très bon marqueur de ce qu'il faut éviter. L'idée, née au Bangladesh dans les années 1980, est, au départ, très séduisante. Pour contourner un système bancaire qui regarde ses clients de haut, pourquoi ne pas permettre à des Bengalis pauvres (en écrasante majorité des femmes) d'obtenir des prêts de faible montant qui ne passent pas le filtre des critères d'octroi de crédit élaborés par des banques bureaucratisées à l'extrême ? L'idée de Mohamed Yunus a connu un vif succès, au Bangladesh bien sûr (2 milliards de dollars de crédits octroyés à 2,3 millions de personnes), mais aussi dans les pays dits « développés ». En France, elle a trouvé en Maria Nowak une pasionaria aussi convaincante que convaincue.

Comment expliquer alors que, dans notre pays, il y ait plus d'articles de presse sur le microcrédit que de microcrédits effectivement consentis ? L'exemple de la Grameen Bank (la banque dirigée par Mohamed Yunus) a clairement montré que, quelle que soit la séduction que peut opérer le concept de microcrédit, son efficacité est conditionnée par l'existence de structures d'accompagnement au service d'emprunteurs peu familiers des arcanes bancaires. Faute de structures de ce type en France aujourd'hui, un modèle de financement qui semble parfaitement adapté à la situation de crise actuelle peine, depuis plusieurs années, à prendre son essor.

Pas plus aujourd'hui qu'au temps des rêves autogestionnaires et de l'engouement pour les

SCOP (Sociétés coopératives ouvrières de production), adopter une stratégie « bottom-up » ne revient ainsi à glaner des idées à la mode à coloration plus ou moins décentralisée ou participative. Cela revient, de manière plus opérationnelle, à prendre un à un tous les dossiers économiques qui paraissent prioritaires au regard de la crise et à inverser la perspective en donnant une priorité absolue aux moyens mis en œuvre et à l'évaluation.

Avant d'en venir là, un mot sur l'évaluation. Il n'y a de réforme efficace que si sont mises en place une évaluation *ex ante* et une évaluation *ex post*. L'évaluation *ex ante* est, espérons-le, implicitement contenue dans l'idée de « concertation sociale » de François Hollande. Il est vrai que, après l'autoritarisme de Nicolas Sarkozy, un peu de concertation ne peut pas nuire. Encore faut-il que celle-ci s'établisse sur des bases qui ne soient pas simplement revendicatives, et qu'elle soit dotée d'un minimum de rationalité. C'est à cela que doit servir l'évaluation *ex ante*. Mais l'évaluation *ex post* revêt à mes yeux une importance plus grande encore. Quel que soit le problème économique, on se rend compte que la France dispose aujourd'hui d'un cadre juridique, perfectible bien sûr, mais assez complet. Ce qui fait défaut, ce n'est pas la loi, mais l'application de celle-ci.

Un des plus beaux exemples de cette carence opérationnelle du droit se trouve dans le domaine de l'Inspection du travail. Quelque 2 400 inspecteurs sont ainsi chargés de faire respecter le Code du travail. Les délits vraisemblables sont extrêmement nombreux et touchent aussi bien aux conditions de travail qu'au travail illégal ou au respect des heures supplémentaires. Au terme de 300 000 interventions par an, près de 30 000 procès-verbaux sont ainsi dressés. Ceux-ci donnent lieu à 4 000 condamnations environ. À peine une pour huit constatations de délit. Serait-ce la faute d'inspecteurs du travail aussi procéduriers qu'incompétents ? Ce serait trop simple, car il suffirait alors de les remplacer.

La réalité est bien plus accablante : un dossier sur deux s'est purement et simplement volatilisé dans les couloirs des tribunaux, et plus d'un dossier sur quatre est classé sans suite, les tribunaux considérant que le péché est véniel et peut être absous au prix de trois Pater et deux Ave. Dans un pays où, du fait d'un Code du travail alourdi de manière absurde par un demi-siècle de politiques « top-down » et donc de règles issues de compromis parfois surréalistes, le droit du travail est en permanence bafoué – pour de bonnes raisons parfois, mais pour de mauvaises souvent –, ce taux de « perte en ligne » est à la fois indigne et révélateur.

On ne peut se contenter des cris d'orfraie poussés à intervalles plus ou moins réguliers par la Cour des comptes – désormais bien relayés par les médias et donc promis à l'oubli rapide une fois les projecteurs éteints – pour garantir que la loi soit appliquée. Il y a trop de « hauts comités » et de « hauts conseils » dans notre pays qui ne servent à rien. Il faudra, bien sûr, en supprimer. Mais, s'il n'y avait qu'une seule institution à créer au début de ce nouveau quinquennat pour permettre à la France de retrouver la voie de l'efficacité, ce serait, à n'en pas douter, une instance d'évaluation des réformes, dotée de moyens suffisants pour juger de leur utilité et apprécier la réalité de leur mise en œuvre.

La récente demande des syndicats d'un suivi des efforts réalisés par les entreprises en contrepartie du futur crédit d'impôt qui leur a été octroyé par le gouvernement est, dans ce registre, de bon augure. Encore faut-il que les augures ne soient pas aussi souvent démentis par les faits qu'au temps de l'Empire romain...

Venons-en maintenant aux moyens. Nous avons dit qu'il fallait prendre un à un tous les dossiers économiques. Nous allons le faire en distinguant ce que nous appellerons les *secteurs* et les *acteurs*. Les *secteurs*, ce sont les champs d'intervention de l'État, les composantes de la politique économique. Mais, plus important que les secteurs, une politique « bottom-up » passe par une redéfinition du rôle des *acteurs* – « redéfinition » voulant dire ici à la fois des droits nouveaux, c'est-à-dire souvent plus de moyens, et des devoirs nouveaux, ce qui implique nécessairement plus de transparence et plus de responsabilité. C'est là le cœur des réformes que nous appelons de nos vœux.

Envisageons d'abord les secteurs traditionnels d'intervention publique. À tout seigneur, tout honneur : commençons par l'État. Dans ce domaine, deux réformes sont à mener en priorité. Au niveau de l'État central, la priorité doit être à la relance de l'esprit de la LOLF. Ce thème n'est certes pas très *glamour*, mais il n'en est pas moins essentiel. La LOLF, c'est quoi ? C'est la Loi organique relative aux lois de finance. Ce qui se cache derrière cette expression aussi triste qu'absconse, c'est la modification fondamentale du *business model* de l'administration. Cette loi, défendue en 2001 conjointement – c'est suffisamment rare pour être noté – par un député de l'UMP (Alain Lambert) et par un député du PS (Didier Migaud), vise à obliger les départements ministériels à réfléchir sur leurs missions et leurs moyens, et à les optimiser.

On sort alors de la logique budgétaire classique qui consiste, avec ses 850 chapitres, à dépenser à tout prix la ligne de crédit obtenue à la sueur du front – l'insomnie parlementaire étant la règle dans ce domaine – du ministre et de ses services. Ce qui est désormais demandé, c'est de proposer un plan, de justifier de moyens et d'évaluer – encore une fois – une efficacité, en gros comme dans une entreprise. Le budget est dorénavant structuré autour de « missions », et non plus par ministères, classées en fonction des priorités du gouvernement. Ces missions (34 au total) sont déclinées en programmes (132), puis en « actions », qui sont, dès lors, appréciées à l'aune de performances mesurables et même sanctionnées par des « indemnités de performance ». Contrairement à ce que susurrent certains de ses détracteurs, la LOLF ne demande pas aux ministères de se transformer en entreprises cotées en Bourse, mais simplement d'inscrire leur action dans un projet.

Un exemple tout bête : l'immobilier de l'État. Pour la première fois dans l'histoire de la République, la LOLF a permis de procéder à une valorisation de celui-ci : 40 milliards d'euros – ce qui, en période de disette budgétaire, n'est pas rien. Mais là n'est pas l'essentiel des mérites pédagogiques de cette loi. La LOLF a mis en place les moyens incitant les administrations concernées à une gestion dynamique de leur parc immobilier (outils d'incitation aux cessions, loyers budgétaires poussant les administrations les mieux dotées à réfléchir à deux fois avant de continuer à loger leurs services dans les implantations les plus convoitées...). Là encore, ce n'est pas le détail de cette loi qui importe, mais bien plus son esprit, qui vise simplement à faire des ministres des patrons administratifs enfin « normaux ». Même si la LOLF et sa fille adultérine, la RGPP (Révision générale des politiques publiques), ne sont pas exemptes de hiatus de mise en œuvre, la voie nous semble toute tracée pour, en une décennie tout au plus – car le processus d'apprentissage n'est pas des plus simples dès lors qu'il est question de changer des comportements ou, pis, des mentalités –, rendre l'administration française enfin plus efficace. Révolution copernicienne.

La seconde réforme majeure qui doit être imposée à l'État est, bien sûr, celle de la décentralisation. Depuis la loi pionnière de Gaston Defferre en 1983, c'est Paris qui a toujours fixé le cadre de ce que les collectivités territoriales avaient le droit de décider et le devoir de faire, sans toujours se préoccuper que ces droits et ces devoirs évoluent de manière parallèle. « L'organisation de la République est décentralisée », indique désormais l'article premier de la Constitution française. Cette injonction ne peut pas ne pas prêter à sourire. Cette décentralisation imposée par le haut, plus budgétaire que fonctionnelle, s'est révélée un échec.

Alors que l'État central a été plutôt plus rigoureux qu'on ne le dit généralement, les collectivités locales, elles, sous le parapluie des transferts de compétences, ont lâché tous les freins, ce qui les a conduites à augmenter de plus de 50 % leurs effectifs de 1997 à 2009. Rien d'étonnant à ce que la France se distingue de tous ses partenaires européens par le nombre de collectivités territoriales par millier d'habitants : 0,6 contre 0,16 en Allemagne (pourtant très décentralisée) et 0,02 au Danemark ! Triste record.

Il ne sert à rien de dresser la liste à la Prévert des gabegies décentralisées. Cela fait partie des « marronniers » préférés de la presse française. Rappelons simplement l'exemple qui nous semble le plus anecdotique et le plus symbolique : grâce aux pouvoirs donnés aux municipalités, la France « produit » à elle seule, chaque année, autant de carrefours giratoires que l'ensemble des vingt-six autres pays de l'Union européenne. Triste médaille d'or qui n'a pas dû sauver beaucoup de vies humaines, mais qui a incontestablement enrichi – effet d'aubaine, quand tu nous tiens... – de nombreux prestataires de services plus ou moins avouables...

Le principe de la décentralisation, qui est, *a priori*, parfaitement en accord avec une politique économique de type « bottom-up », a été, au fil des ans, assez largement dévoyé. Le concept lui-même se doit d'être réinventé. La colonne vertébrale de cette refondation passe inévitablement par les cases « responsabilisation » et « transparence ». Les fondements théoriques d'une telle réforme existent. De nombreuses expériences étrangères valent aussi la peine d'être décortiquées. Lorsque l'on parle de décentralisation réussie, on cite presque toujours l'Émilie-Romagne en Italie et le Bade-Wurtemberg en Allemagne. Mais bien d'autres modèles méritent réflexion, y compris dans les pays émergents, telles les expériences de développement local au Brésil.

Sans pour autant céder à l'attrait de l'herbe du voisin qui est toujours plus verte, notre pays doit et peut faire d'une décentralisation repensée un élément central de sa stratégie de sortie de crise. Parmi les pistes à creuser, celle, prônée par le rapport Attali, de la disparition – non pas brutale (car c'est injouable politiquement), mais progressive – du département doit être explorée sans préjugés. D'autres pistes existent. À commencer par la remise en cause de la « clause générale de compétence » qui permet à toute collectivité locale de s'occuper de tout, et en particulier de ce qui ne la regarde pas.

Pour mener à bien cette réforme, il suffit de relire les nombreux rapports consacrés à ce thème au cours des dernières années et généralement trop vite enterrés. Quels que soient les voies et les moyens des réformes à lancer dans ce domaine, il est deux piliers de la décentralisation qui, transversalement, ne souffrent aucune discussion. Ce sont le renforcement des compétences économiques et budgétaires au sein des collectivités locales (*via* l'extension à celles-ci des principes de la LOLF) et l'amélioration des mécanismes d'évaluation des politiques décentralisées (qui peut s'opérer à un moindre coût *via* le renforcement des pouvoirs et des moyens des Chambres régionales des comptes).

Ce nettoyage des écuries d'Augias de l'État ayant été lancé, il reste à entrer dans le détail des missions de celui-ci. Dans ce domaine, la formule à la mode est le « choc d'offre ». Cette expression, forgée par l'économiste Philippe

Aghion, professeur à Harvard, que l'on retrouve de manière plus opérationnelle dans le rapport Gallois, revient, là aussi, à inverser la logique keynésienne. La relance de la croissance se fera, non pas par la demande et par la consommation, mais par l'offre et par l'entreprise. L'idée est séduisante, mais elle ne pourra se transformer en action que si à cette inversion de logique s'adjoint une inversion de perspective. Clamer que la priorité doit être donnée à l'économie du savoir et à la Recherche et Développement ne sert à rien si cette incantation ne se décline pas au travers de méthodes nouvelles. Ainsi, en matière d'éducation, la création de 60 000 postes ne contribuera qu'à la croissance des déficits si elle ne s'accompagne pas d'une redéfinition des missions de l'école et de l'Université.

Pour ne prendre que l'exemple de l'Université, la ligne est toute tracée. Son autonomie doit être accélérée. Là encore, l'Université ne doit pas être transformée en entreprise privée, mais ce risque, brandi par certains syndicats, est limité. En revanche, il faut que les présidents d'université disposent des moyens opérationnels pour faire « tourner leur boutique », ce qui n'est clairement pas encore le cas aujourd'hui. Cela passe nécessairement – *horresco referens* – par la possibilité de sélectionner les étudiants, non par le fric, mais par les compétences et les motivations. Par ailleurs, s'il est un domaine dans lequel des efforts budgétaires doivent être consentis, c'est en matière de bourses et de logements étudiants. Là aussi, c'est de la base que l'initiative doit être prise. L'Université pouvait, en période de prospérité, jouer un rôle – peu glorieux, mais relativement marginal – de « parking de chômeurs ». Ce n'est plus le cas aujourd'hui. La crise implique des sélections et des choix. Pour que ceux-ci ne soient pas opérés sur le seul critère des revenus des parents, un effort budgétaire doit être consenti et géré au niveau local, sous le regard, bien sûr, d'autorités de surveillance indépendantes.

Venons-en maintenant à l'entreprise. Il n'y aura pas de choc d'offre s'il n'y a pas un retour de la confiance des chefs d'entreprise et, donc, de la confiance dans l'entreprise. Sur ce terrain, le franco-pessimisme n'a aucun sens. La France crée plus d'entreprises chaque année que tous les autres pays européens et notre pays dispose, par rapport à sa taille, de plus de leaders mondiaux que ses concurrents directs dans de très nombreux secteurs d'activité. Le problème n'est donc ni la naissance des entreprises françaises, ni leur maturité. Le problème des PME dans notre pays, c'est celui de la prime enfance. On n'arrive pas chez nous à créer ce que l'on appelle désormais des « gazelles » ou, terme plus barbare, des ETI (entreprises de taille intermédiaire). Deux fois moins en France qu'en Allemagne. C'est trop peu.

Pour réindustrialiser la France – ce qui constitue une ambition politique et un défi économique majeurs –, il n'est pas besoin de subventions massives, mais de trois choses seulement. D'abord, une simplification des aides. Nous l'avons déjà souligné : il existe aujourd'hui plus de 300 sortes d'aides consacrées aux entreprises. Selon une étude récente, tout patron de PME qui veut avoir accès à cette manne consacre le tiers de son temps à la réalisation de tâches strictement administratives. *Quid*, pendant ce temps, de la recherche de nouveaux produits et de nouveaux marchés ?

Deuxième impératif industriel : renforcer le potentiel d'ingénierie financière en région. Les capitaux prêts à s'investir pour accroître les fonds propres des PME existent, même si c'est en moindre quantité qu'avant la crise. Ce qui fait défaut – un peu comme pour le microcrédit, toutes choses égales par ailleurs –, c'est de l'ingénierie financière pour détecter et accompagner les projets solvables. L'idée de créer une Banque publique d'investissement peut être contestée –

pourquoi ne pas consacrer tous les efforts à l'amélioration du fonctionnement des institutions existantes ? –, mais elle a le mérite de montrer que la priorité est donnée par le gouvernement à la réindustrialisation. Cet effet d'annonce n'aura de sens, toutefois, que si l'on s'interdit de politiser la décision d'investissement et si la priorité absolue est donnée à la constitution d'équipes en région capables de mettre en œuvre cette décision au quotidien. Là encore, pas besoin d'impulsion verticale, mais de compétences à la base. Dans la transparence *ex ante* et l'évaluation *ex post*.

Troisième piste de réforme : si l'on analyse l'extrême faiblesse de la France par rapport à l'Allemagne en matière d'ETI, elle ne tient pas – n'en déplaise aux « pigeons », ces patrons de PME qui ont fait reculer le gouvernement de Jean-Marc Ayrault – à une fiscalité confiscatoire, mais à deux particularités du « génie français » : 1° le mépris dans lequel l'administration française tient les PME, mépris qui se traduit par une marginalisation de ces entreprises dans la commande publique et par des délais de paiement proprement stupéfiants ; 2° le cynisme avec lequel la plupart des grands groupes traitent les mêmes PME. L'Allemagne a ce qu'elle mérite : de grandes entreprises qui établissent

– arrière-pensées égoïstes comprises – de véritables relations de partenariat à long terme avec leurs sous-traitants et des *Länder* qui ont compris que l'avenir de l'emploi régional dépend de la qualité des relations qu'ils entretiennent avec leur « hinterland » industriel, celle-ci créant les conditions d'une industrie compétitive, en particulier à l'export.

Dans un autre registre, tout le monde (ou presque) est désormais convaincu qu'une vaste réforme bancaire est nécessaire. Avec deux objectifs : renforcer la sécurité du système bancaire lui-même afin d'éloigner le spectre de la « course aux guichets » (les files d'attente de clients désireux de retirer leurs avoirs de leur agence bancaire), qui a menacé la Société Générale lorsque l'affaire Kerviel a éclaté ou Northern Rock en Angleterre et, maintenant, certaines banques grecques et espagnoles ; assurer ensuite le financement des PME menacées par un *credit crunch* dans une zone euro qui n'en a décidément pas besoin. Dans ce domaine, accroître les fonds propres des banques, comme cherchent à le faire toutes les autorités de régulation de par le monde, ne sert pas à grand-chose. Deux autres réformes paraissent beaucoup plus adaptées à la période de crise que nous vivons.

D'abord, renforcer la supervision bancaire. En matière de réformes, tout le monde n'a d'yeux que pour la loi. Encore cette manie de tout gérer par le haut. La réalité de la crise bancaire a montré que, quelle que soit la hauteur des garde-fous, rien ni personne ne pouvait empêcher une banque qui contrôle mal ses risques de faire faillite. Le seul moyen de protéger les banques contre leurs propres démons est une supervision efficace. Il faut donc impérativement accroître les moyens des gendarmes mobiles qui épient les contrevenants le long des multiples, et parfois sinueuses, routes bancaires. Là encore, les admonestations aussi bien que les dos-d'âne sont de peu de secours. Ce qu'il faut, ce sont des radars, des éthylotests, des amendes (comme celle de deux milliards de dollars qui vient d'être infligée à la banque anglaise HSBC pour complicité de blanchiment d'argent sale. Deux milliards, ça fait réfléchir...) et, bien sûr, des retraits de permis.

Deuxième priorité : la lutte contre l'exclusion bancaire. Les statistiques officielles plaident en faveur des banques. Dans notre pays, celles-ci peuvent bomber le torse en affichant des chiffres (biaisés, mais incontestables) qui témoignent de l'augmentation régulière de leurs encours de crédit aux entreprises. La réalité de terrain est bien différente. Si vous êtes une entreprise en création ou une entreprise dans le secteur de l'immatériel ou des nouvelles technologies, mieux vaut ne pas avoir besoin de crédit bancaire. Passez directement à la case « Fonds propres » en évitant soigneusement la case « Banque ». Et ce qui est vrai pour les entreprises est encore plus vrai pour les ménages. Si ce que l'on appelle pudiquement un « accident de la vie » (chômage, divorce, maladie) vous frappe, ne comptez pas aujourd'hui sur les banques, sauf exception, pour vous aider à franchir ce cap difficile.

Dans ce domaine, il est urgent d'agir. Si le nombre de surendettés a tendance à exploser, il en est de même des sous-endettés dans certaines catégories sociales. Voilà un problème concret auquel le gouvernement de François Hollande devrait s'atteler, sans pour autant être soumis à la tutelle tatillonne de la Commission de Bruxelles ou de la BRI. Et pourquoi, en la matière, ne pas imiter les États-Unis – pour une fois – qui, avec le Community Reinvestment Act de 2001, ont mis en place un dispositif qui fait obligation aux banques de financer certaines catégories sociales dans certains quartiers défavorisés et, en cas de refus de celles-ci (les banques sont des commerçants qui, fort heureusement, peuvent refuser de vendre certains produits), les contraint à financer les établissements financiers qui, eux, acceptent de relever un tel défi ? Là encore, c'est en modifiant les comportements les plus usuels que l'on peut, sinon résoudre complètement, du moins aplanir les problèmes.

Changeons maintenant d'univers et intéressons-nous aux questions d'environnement. La récente conférence de Doha sur ce thème a été un échec et nous savons désormais pourquoi. L'heure des grand-messes est révolue. Cela ne doit pas nous conduire à baisser les bras. D'innombrables initiatives ont vu le jour aux quatre coins de la planète, qui témoignent de la possibilité d'améliorer la qualité de notre environnement en agissant concrètement à un niveau décentralisé. Continuons à prendre des douches plutôt que des bains et à éteindre la lumière chaque fois que nous sortons en dernier d'une pièce de notre maison ou de notre appartement. Mais cessons de croire que le renouveau écologique passe par la repentance énergétique de quelques bobos. *A contrario*, des initiatives institutionnelles locales ou régionales peuvent, si elles ne restent pas isolées, incurver durablement la courbe asymptotique de nos impéries énergétiques. Quoi de plus normal puisque c'est au niveau décentralisé que peuvent le mieux être mesurés et contrôlés les « effets externes » négatifs de la pollution ?

Les exemples foisonnent dans ce domaine. Citons-en un seulement. Les États-Unis ont refusé de signer le protocole de Kyoto. Cela n'a pas empêché sept États américains (Arizona, Californie, Montana, Nouveau-Mexique, Oregon, Utah, Washington) de ratifier une convention aux termes de laquelle ils essaient de développer un marché du carbone nord-américain (conjointement avec certaines provinces canadiennes) afin de réduire les émissions de gaz à effet de serre. Pourquoi ne pas prendre cette expérience pour modèle au niveau européen, voire au niveau national ? De même, en matière de gaz de schiste, pourquoi ne pas mettre un terme aux pétitions de principe aussi idéologiques que stériles et ne pas encourager les collectivités locales volontaires à tenter des expériences sous contrôle vigilant, en les associant plus étroitement aux retombées financières positives qu'est susceptible de générer cette nouvelle technologie ?

Autre dossier, même démarche : la santé. Il n'y a aucune fatalité au déséquilibre des comptes de la Sécurité sociale. Tous les gouvernements se sont attelés à pousser ce qui ressemble étrangement au rocher de Sisyphe. Sans succès. Une des raisons qui expliquent ces échecs répétés tient, une fois de plus, à la méthode. Comme pour les retraites, si l'on ne fait pas simultanément jouer l'ensemble des variables de l'équation, il n'y a aucun espoir de résoudre celle-ci. Ce déficit n'est pas la faute exclusive d'une quelconque des parties prenantes du système de soins. Comme pour la crise des *subprimes*, la responsabilité est collective et la sortie de crise ne pourra se faire que si tous les acteurs du système retrouvent le chemin de la raison. La force de conviction, voire de coercition, du gouvernement doit donc se déployer simultanément en direction des médecins, bien sûr, mais aussi des gestionnaires des institutions de santé, des assureurs, de l'État lui-même, sans oublier… les malades.

Il faudrait plus d'un livre pour passer en revue l'ensemble des chantiers sur lesquels une logique « bottom-up » doit être mise en œuvre. Sur le front social en particulier. En matière de logement, plutôt que de décliner des objectifs chiffrés sur un mode incantatoire, ne vaudrait-il pas mieux se concentrer, dans un premier temps au moins, sur deux verrous qui bloquent le bon fonctionnement de ce marché ? En l'occurrence, la libération du foncier et la fluidification de la population des locataires HLM, ce qui aurait pour conséquence d'augmenter l'offre de logement et de rendre la demande moins inique. En matière de formation professionnelle, alors que tous les observateurs avertis et un tant soit peu objectifs reconnaissent que près de la moitié des 30 milliards d'euros consacrés à cette mission de toute première importance est utilisée à d'autres fins, ne pourrait-on, assez rapidement, faire en sorte que les organismes dédiés à cette tâche (ou d'autres) puissent enfin faire leur boulot, essentiel à la fluidification du marché du travail ?

Troisième exemple : plutôt que de pénaliser sur le plan fiscal l'épargne salariale, qui demeure l'un des meilleurs moyens pour créer de l'*affectio societatis* et du pouvoir d'achat différé, ne pourrait-on pas dépoussiérer et simplifier le dispositif existant ? Faire ainsi en sorte que les salariés (et néanmoins actionnaires) soient plus directement impliqués dans les choix stratégiques des entreprises qui sont les plus susceptibles de les licencier.

Au travers de ces trois exemples apparaît une spécificité de l'approche « bottom-up » qui peut faire sa faiblesse dans une économie médiatisée et donc instantanée. Une stratégie « bottom-up » ne peut être clinquante. C'est son principe. Avec les stratégies « bottom-up », on est apparemment dans l'univers de la rustine. Ce n'est pas très « sexy ». Mais, dès lors que le cap est fixé – la modernisation de la politique économique –, les « rustines » retrouvent leur charme, car elles ont un immense mérite : permettre d'avancer vite et dans le même sens.

Ce qui est vrai sur le plan national l'est aussi sur le plan international. Prenons-en deux exemples. L'Europe, d'abord. Il est clair que d'incontestables progrès ont été faits en matière de réactivité face à la crise financière. Il est clair aussi que d'immenses progrès restent à faire. Le traité de Nice, en 2001, ayant fait le choix de « l'élargissement » (l'ouverture à de nouveaux membres) avant celui de « l'approfondissement » (le renforcement des moyens de pilotage), a durablement handicapé la gouvernance de l'Europe. Dans ce cadre, les discussions sont plus délicates et les décisions plus difficiles à prendre. Cela explique la difficulté qu'il y a à restaurer la confiance que peuvent avoir les marchés financiers dans la zone euro. Il va falloir, pas à pas, réformer les institutions européennes (y compris la BCE) pour les rendre plus efficaces. Mais il ne faut pas se faire trop d'illusions dans ce domaine. L'ambiguïté même des mécanismes décisionnels européens laisse peu d'espoir d'avancée rapide.

Les progrès de la construction européenne, indispensables au processus de retour de la confiance, ne se feront pas principalement au niveau des institutions, mais des secteurs d'activité. C'est là que des compromis peuvent être trouvés et des investissements décidés. À la limite, on pourrait mettre entre parenthèses pour quelques années la pseudo-diplomatie européenne et la trop contraignante politique de concurrence, qui nous pénalise face à des pays émergents moins scrupuleux que nous sur ce sujet. Et, au contraire, accélérer la construction de l'Europe bancaire, de l'Europe des transports et de l'Europe de l'énergie. Le récent accord sur la construction d'une Union bancaire européenne témoigne à cet égard de la possibilité d'avancer dans le processus d'intégration sans se perdre dans le dédale des négociations (et donc des compromis) communautaires.

Autre dossier international pour lequel une stratégie « bottom-up » pourrait se révéler payante : l'OMC. Il faut s'en convaincre : le seul cercle vicieux qui pourrait faire franchir à l'économie mondiale une étape supplémentaire en direction d'une récession généralisée, comme dans les années 1930, c'est celui du protectionnisme. Le protectionnisme est une de ces maladies dont on sait comment on les attrape, mais dont on ignore comment on en guérit. À ce jour, le protectionnisme commercial a connu une croissance limitée, relayée pour partie par le protectionnisme monétaire au travers de la dévaluation du dollar américain et de la non-revalorisation du yuan chinois. Mais il faut se souvenir que, malgré les grandes déclarations vertueuses des G20 successifs, tous les pays dudit G20 ont mis en place depuis deux ans des mesures de protection commerciale qu'ils s'étaient interdit de prendre auparavant.

Sur ce front, le cycle de Doha a démontré à l'envi ses limites, malgré l'activisme de Pascal Lamy, le directeur général de l'OMC. Qui trop embrasse mal étreint : à force de vouloir intégrer dans les négociations des sujets toujours plus nombreux – comme les droits de propriété ou les aspects environnementaux et sociaux –, on en est arrivé à des négociations d'une complexité terrifiante, donnant naissance à des coalitions improbables – le Brésil « défendant » le Mali sur le dossier du coton pour mieux imposer, dans d'autres cultures, la domination de ses géants de l'agrobusiness – et donc à des compromis surréalistes.

Si l'on veut défendre la cause du libre-échange, il faut aussi s'y prendre autrement. Il faut donner la priorité absolue, non pas aux grand-messes cathodiques, mais, plus modestement, à la réforme de la gouvernance de l'institution OMC elle-même. La représentation des pays émergents doit être revue de fond en comble. Les règles de vote et de décision doivent être revisitées. Les moyens de sanction de l'institution doivent être élargis et renforcés. Tout cela n'est pas très *glamour* comme perspective de réforme, mais cela constitue le plus sûr moyen de déterrer des dossiers et d'en faire avancer d'autres à un rythme répondant à l'urgence de certains défis (aussi bien alimentaires que sociaux).

Et ce qui est vrai pour l'OMC l'est aussi pour le FMI, gendarme financier de la planète. La coordination des politiques budgétaires et fiscales est un leurre, même à l'échelle européenne. Commençons donc par supprimer le droit de veto des États-Unis, privilège exorbitant qui fait du FMI une filiale de la Maison Blanche. Révisons les droits de vote des différents pays qui, aujourd'hui encore, donnent à peine plus de pouvoir au Brésil qu'à la Belgique... Encourageons l'Europe à parler d'une voix commune, et non pas discordante et donc éraillée. Ces progrès seront difficiles à réaliser : aucun pays n'accepte de gaieté de cœur d'abandonner des privilèges ou des rentes. Mais la crise a tellement rebattu les cartes du pouvoir économique que des avancées sont aujourd'hui possibles sur des dossiers gelés jusque-là, dès lors que l'on accepte de ne pas se couper du terrain et d'examiner certains dossiers « au ras des pâquerettes », comme le dit la sagesse populaire.

CHAPITRE 5

Des corps intermédiaires à réinventer

La stratégie « bottom-up » que nous appelons de nos vœux implique une réflexion approfondie sur le rôle des agents économiques. Si l'on accepte de ne plus tout attendre de l'État, il faut nécessairement revaloriser le rôle joué par les autres acteurs de la vie économique. Une stratégie « bottom-up », pour être convaincante, se doit donc de redéfinir non seulement le « comment fait-on ? », mais aussi le « qui fait quoi ? ».

Nous allons passer en revue le rôle joué par certaines catégories sociales pour essayer de préciser quelles missions elles doivent remplir, mais aussi, plus important encore, comment faire en sorte d'accroître leur liberté d'action.

Toute crise est facteur d'accroissement des inégalités. « Crise » vient du mot grec *krisis*, qui signifie « crible » ou « tamis ». Dans un crible, il y a des particules qui passent et d'autres qui ne passent pas. Dans une crise, c'est la même chose. Il y a des industries, des entreprises et des États qui passent et d'autres qui ne passent pas. Si les altermondialistes ont partiellement tort en accusant la mondialisation « heureuse » des années 1980 et 1990 d'avoir accentué les inégalités – car ces inégalités se sont créées sur un trend global de croissance rapide –, la crise va, elle, inexorablement accroître celles-ci. Quand la taille du gâteau se réduit – ou, ce qui revient presque au même, augmente moins vite que le nombre de bouches à nourrir –, les parts sont forcément plus petites et la capacité des convives à se nourrir se polarise. La lutte contre les inégalités se trouve donc nécessairement au cœur de toute stratégie de sortie de crise.

Cela posé, reste à définir le rôle nouveau que devraient être appelés à jouer les différents agents économiques. Commençons par les *chefs d'entreprise*. Qu'on le veuille ou non, ce sont eux qui sont à l'origine de la création de valeur. Ce qui distingue le chef d'entreprise du commun des mortels, c'est qu'il accepte de prendre des risques pour mettre en place un système dans lequel il prélève une partie de la valeur créée par ceux auxquels il offre l'opportunité de recevoir un salaire. Cela constitue le cœur de la théorie marxiste, aujourd'hui admise sur ce point par tous les économistes honnêtes, libéraux ou non.

À ce titre, les rémunérations des patrons ne devraient donner lieu à aucune sorte de polémique. Sauf que, avant la crise et, pis encore, au cœur même de celle-ci, de multiples abus ont été commis qui ont contribué à accroître le fossé entre les chefs d'entreprise et la société. C'est particulièrement vrai aux États-Unis (d'Enron à Goldman Sachs), pays encore largement marqué par le « génie du protestantisme » et donc faisant preuve d'une empathie manifeste pour la réussite économique. Mais c'est devenu vrai aussi en Europe et en France, où les abus se sont multipliés depuis la fin du siècle dernier.

Le récent « couac » gouvernemental provoqué par la révolte des « pigeons » est, de ce point de vue, à la fois révélateur et éclairant pour l'avenir. Quelques dizaines de (majoritairement) jeunes entrepreneurs ont hurlé : « Ma cassette, ma cassette ! », face à un dispositif fiscal les privant de l'écrasante majorité des plus-values enregistrées lors de la vente de leurs entreprises. À juste titre, ils ont fait valoir qu'une partie de cette plus-value représentait, en fait, une rémunération à la fois de leur prise de risque et de leur tempérance salariale pendant les premières années de leur aventure entrepreneuriale. La rémunération de la prise de risque est parfaitement justifiée. De ce point de vue, on peut considérer que les *stock options* sont « de gauche » puisqu'elles permettent à des gestionnaires, talentueux mais impécunieux, de bénéficier pour partie de la valeur et de la richesse qu'ils ont contribué à créer.

Là aussi, le diable est dans les détails. Car, si le risque disparaît de l'équation, les dés sont pipés. La règle pour l'avenir devrait donc être la totale liberté de rémunération, mais à une double condition : la prise en compte du risque couru et, surtout, la complète transparence sur les conditions de fixation et d'octroi de ces « privilèges ». Même si les moyens mis en œuvre sont contestables et si la population concernée ne prête pas exagérément à compassion, l'anecdote des « pigeons » aura, sur ce plan, joué un rôle très utile. Elle aura d'abord permis de mettre le dossier sur la table et d'offrir la possibilité aux différents interlocuteurs de défendre leur point de vue. Mais, plus important encore, elle aura permis de valider notre stratégie « bottom-up ». Sous cet éclairage nouveau, la reculade du gouvernement Ayrault ne doit pas être interprétée comme un échec, mais comme la juste réaction à un problème précis et complexe pour lequel une solution a été trouvée *via* un affrontement, raisonnablement courtois, de logiques.

Cette conclusion prend tout son sens dès lors que l'on considère que les entreprises sont au cœur de la sortie de crise et que la réaction de méfiance – voire d'hostilité – que celles-ci suscitent, tout particulièrement en France, constitue un handicap sur la voie de la restauration du minimum de confiance collective sans laquelle aucune reprise de l'investissement n'est possible.

Face au chef d'entreprise se trouvent le salarié et son représentant, le *syndicaliste*. Il faut impérativement redonner, non pas *le* (comme dans certaines entreprises), mais *du* pouvoir aux syndicats. Sans partage du pouvoir, il n'est pas de possibilité de responsabilisation. Sans pouvoir, la tentation jusqu'au-boutiste et court-termiste des « professionnels » du syndicalisme prime sur la recherche de compromis raisonnables inscrits dans la durée. Rappelons les chiffres qui sont, en France, accablants. Un taux global de syndicalisation de moins de 10 %, qui masque de profondes disparités entre le secteur public (environ 25 %) et le secteur privé (environ 3 %), et, au sein de ce dernier, une différence marquée entre grandes entreprises (5 %) et PME (1 %).

Le modèle du libéralisme « décomplexé », qui a prévalu au cours des trois dernières décennies, a profondément mis à mal le statut des syndicats. Une désindustrialisation continue, une précarité croissante du contrat de travail, un « grain à moudre » (pour reprendre l'expression de l'ancien secrétaire général de FO, André Bergeron) de plus en plus rare du fait de la crise et un travail de sape tenace des DRH (directeurs des ressources humaines) des entreprises en faveur d'une individualisation des parcours professionnels et des carrières ont tendanciellement conduit les syndicats à s'éloigner du terrain, à s'opposer aux accords de branche et d'entreprise et à se crisper sur une stratégie de repli n'ayant pour ambition que de défendre les intérêts acquis de ceux qui ont un CDI. Ce n'est pas ainsi que l'on participe activement et efficacement à la recomposition du contrat social que la crise rend incontournable.

Il n'est pas ici question de militer en faveur d'un syndicat unique sur le modèle de l'AFL-CIO américain (10 millions d'adhérents) ou d'une *Mitbestimmung* à l'allemande, modèle dans lequel les syndicats participent pleinement à la gouvernance des entreprises. Autres lieux, autres mœurs. Ce qui se joue en France, c'est autre chose. La réintégration des syndicats au jeu d'une négociation, élargie et respectueuse de tous ceux qui veulent s'intégrer sur le marché du travail, passe par deux canaux.

D'abord, une meilleure représentativité de ceux-ci. Le Yalta social de 1950 (vaguement revisité en 2007) offre, en effet, une rente indue aux cinq centrales dites « représentatives », rente qui n'a plus aucun sens dans le monde du travail tel qu'il s'articule aujourd'hui.

Ensuite, plus de moyens : ce n'est qu'en ne faisant plus dépendre les syndicats des subsides versés par les institutions d'un pseudo-paritarisme essoufflé (Assedic, formation professionnelle…) que l'on pourra donner à ceux-ci les moyens de leurs ambitions. N'oublions pas que la faiblesse des syndicats ouvriers fait aussi la faiblesse des syndicats patronaux. Comment, en effet, prétendre être représentatif si ceux avec qui l'on négocie ne le sont pas ? Plus de moyens, donc, mais au service d'une ambition nouvelle : ne pas se limiter au pré carré de la défense des intérêts de ceux qui sont *in* (qui disposent d'un CDI, surtout s'ils sont des hommes à la peau blanche…), mais élargir la représentation des intérêts des salariés à ceux, toujours plus nombreux, qui sont *out* ou en passe de l'être (CDD, temps partiel, stagiaires, travailleurs immigrés…).

Si l'on veut définitivement basculer dans une économie « bottom-up », une place doit aussi être trouvée pour les *organisations non gouvernementales* (ONG). Si l'on retrace l'histoire des trois dernières décennies de science économique, les deux grandes nouveautés, au-delà de la sophistication croissante de la *terra cognita* (comme dans la finance), sont l'écologie et les ONG. On ne peut plus articuler aujourd'hui un raisonnement économique sans l'intégration à celui-ci des variables environnementales. De même, sur le plan des institutions, la plupart des grands débats économiques sont amenés à faire place aux ONG.

Les ONG sont le pur produit de l'affaiblissement continu de l'État et de la quasi-disparition des œuvres missionnaires. Elles se sont, pour certaines d'entre elles, fait une « place au soleil » (des médias au moins) sur les cendres du christianisme agonisant et du keynésianisme bégayant. Leur naissance à la vie médiatique et politique est récente. Elle date de 1999, à l'occasion du « Sommet du Millénaire » de l'OMC à Seattle, où quelques charges policières ont plus fait pour la modification de la gouvernance mondiale que tous les G20 réunis depuis 2008. Cette naissance a été suivie par l'adolescence pour certaines d'entre elles, comme Oxfam, qui sont aujourd'hui sollicitées par les grandes institutions internationales sur des thématiques aussi variées que l'environnement ou certaines régulations financières (comme celles concernant les marchés dérivés de matières premières).

L'irruption des ONG dans la gouvernance mondiale, qui constitue en soi l'une des bonnes nouvelles de la dernière décennie, ne doit toutefois pas masquer un certain nombre de défis que ces dernières ont à relever. Le premier est celui de l'expertise. La très forte médiatisation dont elles bénéficient par rapport à leur poids effectif ne se justifie que si la compétence est au rendez-vous. Deuxième défi : celui de la représentativité. « D'où parles-tu ? » questionnait Jacques Lacan. Au nom de qui les ONG s'expriment-elles ? D'un supposé savoir, validé par qui ? D'éventuelles masses, représentées comment ? Ces questions restent posées et leurs réponses doivent garantir que de nouvelles rentes indues ne succéderont pas à celles qu'elles sont censées combattre.

Enfin, troisième défi : celui de l'universalité. Les ONG sont sorties de l'ombre à l'occasion de débats très globaux, comme le devenir de la planète ou l'avenir du commerce mondial, qui n'ont pas de liens immédiats avec les préoccupations quotidiennes de leur base. D'une manière ou d'une autre, les ONG devront s'enraciner dans des débats plus concrets si elles ne veulent pas se perdre dans des combats de plus en plus éthérés et de moins en moins politiques. La solution à ce problème passe par une professionnalisation des ONG et par un élargissement de leurs thèmes de mobilisation à ce qui fait à la fois le cœur de la croissance économique et la matrice de certaines de ses dérives, à savoir l'entreprise.

Quelles sont les ONG qui, en France, peuvent participer à une stratégie de sortie de crise ? La réponse réflexe est facile à énoncer : les *associations*. Mais cette réponse est tronquée car, au sein de cet univers qui suscite autant de scepticisme que de sympathie, la multiplicité des statuts, des objectifs et des démarches est la règle. Quel monde mystérieux que celui des associations ! Tout d'abord, on sous-estime très largement son poids : 70 milliards d'euros de budget (soit environ 20 % du budget de l'État) ; près de 200 000 institutions ; plus de 1 million de salariés (sans compter les 15 millions de bénévoles). Et ce poids croît, depuis longtemps, plus vite que celui de l'économie dans son ensemble. Donc une « part de marché » en constante augmentation. Cette puissance ne doit toutefois pas cacher de nombreuses fragilités structurelles.

D'abord, bien sûr, une hétérogénéité de ce corps social qui rend presque impossibles tout discours et toute action efficace de l'État en direction de cette population. S'y ajoute une opacité qui est presque une marque de fabrique et qui protège encore mieux les satrapes (rappelons-nous Jacques Crozemarie, emblématique patron de l'ARC) que les idéalistes. Dans cet immense secteur d'activité, ce qui manque, ce n'est bien souvent pas l'argent, mais deux choses, et deux choses seulement : la transparence, qui commence par le basique dénombrement (les évaluations du nombre d'associations en France oscillent entre 1 et... 10 millions), et, parallèlement, comme pour les ONG, la professionnalisation. Plus encore que tous les autres agents économiques, l'ennemi des associations est l'amateurisme, levier de tous les dons de soi, mais aussi de toutes les dérives. L'État – *a fortiori* s'il est doté d'un gouvernement dit « de gauche » – doit cesser de jouer un rôle d'observateur amusé et sceptique face à cette fantastique machine à réduire les inégalités.

Dossier plus difficile à défendre, car population encore plus hétérogène : les *lobbyistes*. Dans la patrie du poujadisme, il n'est pas très bien vu de défendre cette population supposée faire de la corruption le principal carburant de son action. Continuons, malgré cela, à tourner le dos au « politiquement correct » qui fait aujourd'hui le lit de toutes les lâchetés. Le scandale Dalli, qui vient de secouer la Commission européenne, illustre parfaitement l'ambiguïté de cette fonction. John Dalli, politicien maltais promu à la fonction de commissaire à la Santé par la grâce de l'application du divin traité de Nice, s'est vu soupçonné de trafic d'influence au bénéfice d'un produit dérivé du tabac, et débarqué de son poste par Manuel Barroso. Ce que révèle ce fait divers tient en trois phrases : le lobbying existe et étend son empire dans notre économie mondialisée et médiatisée ; il n'y a pas de corrupteurs sans corrompus ; et la solution passe, dans ce domaine, par une seule porte, celle de la transparence.

Au départ, tradition tocquevillienne oblige, il n'y a rien de condamnable en soi à défendre les intérêts de telle ou telle catégorie d'agents économiques. Les entreprises et les catégories sociales que représentent les lobbies sont plus souvent des créateurs de valeur que des rentiers. Mieux, on peut considérer, comme pour les *stock options*, que le lobbyisme est « de gauche » puisqu'il permet de faire entendre la voix de minorités, souvent puissantes, mais pas toujours. Dans des genres très différents, Attac et Act Up sont des lobbies. Ainsi faut-il encourager le lobbying à visage découvert. Ou plutôt faudrait-il dire « tous les lobbyings », pour éviter que seuls les plus puissants parviennent à s'exprimer et pour permettre que puisse ainsi jouer le mécanisme de *checks and balances* qui, seul, peut contribuer à la régulation de ces contre-pouvoirs.

Quelque 5 000 lobbyistes à Bruxelles, c'est bien peu, comparé aux 70 000 qui ont pignon sur rue à Washington. Dénoncer les dérives anglo-saxonnes n'empêche pas d'analyser lucidement le modèle. Pour éviter d'avoir comme seule solution de sanctionner, mollement, ceux qui en tirent un bénéfice personnel, mieux vaut faire le pari de la transparence et de l'association officielle de tous les lobbies aux consultations préalables à toute réforme. Mais la transparence doit être totale, aussi bien sur les sources des revenus que sur les moyens employés ou… envisagés. Pour ne pas se prendre les pieds dans le tapis, mieux vaut que le « vestibule » (traduction littérale du mot *lobby*) soit éclairé ! Ce n'est faire preuve ni de cynisme ni de candeur que de préconiser une officialisation du lobbying. C'est simplement reconnaître que, dans une approche « bottom-up », tous les corps intermédiaires sont nécessaires, et donc bienvenus, dès lors qu'ils respectent un minimum de règles du jeu.

Autre cadre, autres mœurs. Les *associations de consommateurs* constituent probablement le corps intermédiaire dont le positionnement est le plus ambigu. Supposées défendre une multitude de clients, sans rémunération explicite, elles défendent mal la cause peut-être la plus noble. Dotées d'un *business model* encore plus improbable que la presse écrite, ces associations sont obligées de bifurquer soit vers le statut de groupe de médias, soit vers celui d'éternel, et néanmoins famélique, opposant. La défense des consommateurs n'est pas tâche aisée en soi, car ceux-ci sont généralement schizophrènes. Défenseurs du « produire français » dans leur hémisphère cérébral de salarié, ils plébiscitent le « produire chinois » dès lors que leur hémisphère de client est sollicité. Face à ce public incertain, la mission de défense est périlleuse.

Dans une période où le pouvoir d'achat revêt une importance cardinale et où la communication distord la réalité, il est deux solutions permettant de rendre aux associations de consommateurs leur juste place. D'abord, un financement. En éludant ce problème, on les condamne à la mendicité médiatique ou à l'impuissance. Prélever sur la consommation une dîme infinitésimale pour financer ces associations est parfaitement justifié si l'on considère que leur action participe à l'amélioration de l'efficacité productive.

Concernant les « actions de groupe », la sulfureuse réputation des *class actions* américaines, contribuant à enrichir, souvent sans motif, une fraction de la profession d'avocat, au péril, parfois injustifié, d'entreprises créatrices d'emploi, ne doit pas nous empêcher d'esquisser cette solution. La *class action* n'est-elle pas l'alternative démocratique au principe de précaution appliqué de manière aveugle ? La médiation défendue par le MEDEF ayant montré ses limites en matière d'objectivité et surtout de pugnacité, l'action de groupe doit prendre le relais de celle-ci. Contrairement à ce que prétendent certains juristes, la *class action* n'est pas contradictoire, dans ses principes, avec notre bonne vieille *common law* et ne viole pas les droits de la défense. Les moyens permettant d'éviter que le respect du droit ne dégénère en juridisme « shooté » au contentieux passent certes par la sanction des procédures abusives, mais aussi et surtout par la voie de l'*opt in* – autrement dit, par l'intermédiation des associations de consommateurs, qui trouveront là un moyen de consolider leur expertise et de doter leur action d'un cadre plus rigoureux.

Dernière catégorie d'agents dont une approche « bottom-up » oblige à redéfinir le rôle et la gouvernance : les *institutions mutualistes*. Avant que la crise n'éclate, on pouvait considérer que nombre d'entre elles avaient perdu leur âme. Dans le monde agricole comme dans le domaine financier, les plus importantes d'entre elles, fascinées par l'apparente efficacité de leurs concurrents capitalistes, avaient adopté, souvent *via* la cotation en Bourse, le *business model* des entreprises les plus *greedy* (« avides », pour reprendre l'expression d'Alan Greenspan, le patron de la Fed, visant les plus puissantes banques d'affaires américaines). La cotation en Bourse offrait ainsi aux grands mutualistes à la fois l'accès à une ressource financière presque illimitée et un *benchmark* leur permettant de secouer les archaïsmes qui caractérisaient encore certains replis de leur gouvernance.

La crise a remis les pendules à l'heure. Elle a d'abord permis de révéler les conséquences cataclysmiques de certains choix opérés sous l'emprise du syndrome de *Monsieur Le Trouhadec saisi par la débauche* (Jules Romains), l'aventure grecque du Crédit Agricole constituant, dans ce registre, un modèle du genre. Mais, plus important encore, la crise a redonné aux valeurs mutualistes les plus essentielles un charme qu'on leur avait dénié. La solidarité au sein de la communauté mutualiste, la non-obsession du profit, l'inscription de l'action dans une perspective de long terme, la solidité du lien qui unit le sociétaire (et néanmoins client) à sa mutuelle et la règle fondamentalement démocratique « un homme = une voix » sont les cinq piliers sur lesquels le mutualisme et la coopération se sont construits, que, pour certains d'entre eux, ils ont mis à bas et sur lesquels la crise a jeté un jour nouveau.

Reste à faire en sorte que ce sursaut de résipiscence se traduise par un comportement en phase avec les nécessités qu'impose la définition d'une stratégie de sortie de crise. Cela peut se faire à deux conditions. En premier lieu, il faut que les institutions mutualistes et coopératives retrouvent leurs racines. Le mutualisme s'est construit au XIXe siècle sur la solidarité entre les membres de communautés en délicatesse avec l'univers capitaliste en situation de conquête. C'est donc vers les catégories sociales les moins insérées, à des titres divers, dans l'économie de marché, qu'il doit se tourner. De manière non exclusive, bien sûr, car le mutualisme n'est pas le communautarisme. Qu'il s'agisse des jeunes, des vieux, des femmes, des nouveaux métiers, bref de toutes les catégories sociales en mal de participation aux fruits de la croissance, ces populations sont l'avenir du mutualisme. Il n'y a, dans cette perspective, place pour aucune candeur. Car c'est en se tournant vers des clientèles homogènes que l'on minimise les risques et donc que l'on maximise le potentiel de rentabilité et de croissance à long terme.

En deuxième lieu, il revient à l'État d'appuyer les mutualistes dans leurs efforts pour s'insérer dans une stratégie collective de sortie de crise. Dans ce domaine, les mutualistes ont besoin de l'aide de l'État. Le nouveau cadre juridique dont est en train d'accoucher la crise est presque exclusivement structuré autour du schéma de l'entreprise capitaliste (certains ajouteront : anglo-saxonne) organisée, par construction, de manière hiérarchique. Pour ne prendre qu'un exemple presque caricatural, jusqu'à très récemment, les nouvelles normes prudentielles bancaires (dites de « Bâle III ») faisaient obligation aux banques mutualistes de soustraire de leurs fonds propres les parts de sociétaires, qui, pourtant, constituaient le fondement même de la résilience mutualiste. Cette folie – le mot n'est pas trop fort – a été évitée de justesse, mais elle montre de manière éclatante que d'autres réformes plus techniques ne sont pas faites *contre* les mutualistes, mais *sans* eux, c'est-à-dire sans tenir compte des spécificités de ce modèle, pourtant construit pour affronter les crises.

La liste des corps intermédiaires que nous venons de dresser n'est bien évidemment pas exhaustive. Il faudrait évoquer les Chambres de commerce et d'industrie, les Chambres d'agriculture, l'Ordre des avocats et aussi les médias. Ces corps intermédiaires ont un rôle à jouer dans la sortie de crise, dont ils n'ont peut-être pas tous conscience, englués qu'ils sont dans la défense de leurs intérêts catégoriels, de leurs rentes et de leurs « privilèges », si squelettiques soient-ils. Cette remarque débouche sur une idée dont le seul statut est celui de ballon d'essai. Pourquoi ne pas organiser un Grenelle des corps intermédiaires ? La conception d'un tel forum ne va pas de soi, vu l'hétérogénéité de ces populations. Mais, après tout, cette difficulté n'était-elle pas inhérente au Grenelle de l'environnement qui, malgré ses cafouillages et la pauvreté de ses résultats concrets – faute de volonté politique clairement affichée –, a permis une prise de conscience collective des enjeux majeurs de la crise écologique ?

Deux remarques pour conclure ce chapitre consacré aux agents économiques. Tout d'abord, il faut remettre les agents au cœur de l'analyse économique. L'erreur, non pas de Keynes, mais de nombreux keynésiens, en particulier dans le champ du politique, c'est d'avoir oublié les agents. Faudrait-il alors revenir aux racines de la théorie néoclassique et de la politique néolibérale ? Bien sûr que non. La différence entre cette théorie et ce que nous proposons est que les agents économiques sur lesquels nous nous appuyons pour décrire les méandres de la politique économique ne sont pas des agents désincarnés et, par nature, rationnels. L'hétérogénéité des catégories sociales doit être désormais mise au cœur de la théorie économique.

Accessoirement, le lecteur l'aura peut-être remarqué, cela revient à remettre en cause, non pas l'existence et la nécessité des élites traditionnelles, mais leur primauté absolue. Ce ne sont plus elles, en effet, qui vont décider de tout. Mais, plus important encore, la politique économique « bottom-up » va mettre en avant de nouveaux agents, issus pour une large part des classes moyennes, qui vont ainsi pouvoir reprendre l'« ascenseur social » (trop souvent en panne depuis trois décennies) sans avoir pour unique objectif d'arriver au *penthouse* avant les autres et au détriment de ceux-ci.

Seconde remarque : ce ne sont évidemment que les fondations de l'économie « bottom-up » qui sont analysées ici. De nombreux « concepts » et idées, qui semblent utiles pour préciser ce que pourrait être une politique économique « bottom-up », sont à ce jour encore particulièrement flous. Ainsi en est-il de la « société civile », des « corps intermédiaires » déjà évoqués, aussi bien que de l'« économie sociale et solidaire » et de la « responsabilité sociale de l'entreprise », voire de la « négociation » ou du « mouvement social ». Certains de ces « concepts » se révéleront peut-être irrémédiablement creux. Mais notre conviction est que, pour d'autres, le jeu consistant à jeter un regard du bas vers le haut en vaut largement la chandelle.

Il ne suffit pas de s'indigner

Si l'on réfléchit bien, l'avenir de notre pays dépend de l'acceptation par les Français de réformes structurelles remettant en cause certains de leurs « acquis sociaux ». Comme n'importe quelle famille, l'État ne dispose que de deux leviers pour équilibrer son budget : les recettes et les dépenses. Tout (ou presque) a déjà été fait par le nouveau gouvernement du côté des recettes, y compris certaines mesures démagogiques, comme la tranche d'imposition à 75 % sur les revenus supérieurs à 1 million d'euros, économiquement inefficientes mais politiquement utiles, pour réduire la fracture sociale amplifiée par Nicolas Sarkozy à la fin de son mandat présidentiel. Restent donc maintenant les dépenses, et c'est là où la potion devient la plus amère. Si les Français refusent des réformes courageuses dans ce domaine, le dossier sera plié : nous nous recroquevillerons sur nos rentes, perdant en compétitivité, donc en emploi, et léguerons ainsi à nos enfants le lourd héritage de nos lâchetés passées. Si, au contraire, les Français acceptent des sacrifices, au moins temporaires, et que la politique économique mise en œuvre ne se trompe ni de cibles ni d'armes, alors il y a une probabilité très forte que la France sorte renforcée de la crise.

Ce qui nous rend résolument optimiste, c'est que la crise est passée par là et qu'elle a – à un coût social très élevé – joué un rôle pédagogique exemplaire. Les Français se sont ainsi convaincus depuis quatre ans que « les arbres ne montaient pas jusqu'au ciel », pour reprendre le vieil adage boursier, et que « demain on ne raserait plus gratis ». Bref, que ce ne sont pas nous, les adultes, mais nos enfants qui paieront l'addition des impérities (en matière de retraite comme de dette) des gouvernements, de droite comme de gauche, qui se sont succédé depuis trois décennies au sommet de l'État.

Notre optimisme se fonde aussi sur le fait que la logique « bottom-up » commence à s'immiscer – sans pour autant être théorisée, à ce stade – dans la vie politique européenne. C'est vrai de certains passages peu médiatisés du rapport Gallois – comme, avant lui, du rapport Attali sur la libération de la croissance. Mais c'est vrai aussi de la politique économique mise en œuvre avec difficulté par Mario Monti en Italie. Et c'est vrai encore des dernières décisions de Mario Draghi, le patron de la BCE, venant au secours, non pas de l'Espagne sans conditions, mais des banques espagnoles désormais sous tutelle.

François Hollande a, me semble-t-il, parfaitement pris la mesure de la gravité de la situation : soit il mène à bien – à son rythme et à sa manière, qui n'est pas naturellement guerrière – les réformes de structure qui s'imposent à la France, soit son quinquennat sera le plus calamiteux de la Ve République. Je suis, à ce stade, raisonnablement optimiste sur la capacité du chef de l'État à s'engager dans les réformes dont la France a impérieusement besoin, même si ces réformes, ou du moins la plupart d'entre elles, ne porteront leurs fruits qu'au bout de quelques années.

Dès lors, l'alternative se précise. Soit le président de la République peut choisir de réformer au cours de sa mandature au fil des sondages et des exaspérations sans, pour autant, changer la logique de l'action publique, en faisant ainsi le pari que les rustines tiendront au moins cinq ans. Soit, au contraire, il peut accepter le fait que les années 2013, 2014 et 2015 seront particulièrement difficiles économiquement, et donc politiquement, en se convainquant que les réformes structurelles initiées en 2013 – à coût budgétaire très limité – verront leurs effets positifs jouer en 2016 et 2017, à la veille de la prochaine échéance présidentielle.

Notre conviction est que la « stratégie des rustines », seule possible au niveau de l'Europe, se révélera perdante au niveau de la France. Parce que, au niveau national, des réformes de grande ampleur sont possibles, au moins sur le papier, et parce que les rustines, vues de plus près, apparaissent plus vite comme de disgracieuses verrues, rendant impossible la restauration de la confiance qui est le seul point de passage obligé de toute sortie de crise. Dans ce quinquennat charnière pour la France, le choix est donc entre une impopularité difficile à gérer pendant trois ans et le risque majeur d'une non-réélection en 2017.

Encore faut-il que les réformes en question soient menées à bien de manière efficace. Et, pour ce faire, il faut impérativement modifier la logique de la décision politique. Il n'y a, certes, pas de quoi être exagérément optimiste au vu des réformes entreprises depuis le début de ce quinquennat : il ne sert à rien de créer une Banque publique d'investissement si l'on continue à penser que la PME d'Arles (au hasard) peut se financer de Paris ; il ne sert à rien de transformer certains chefs d'entreprise en « pigeons » sans faire le tri préalable entre les aspirants rentiers et les véritables investisseurs à long terme ; il ne sert à rien de créer un « crédit d'impôt compétitivité » ou des « contrats de générations » si c'est pour provoquer de nouveaux « effets d'aubaine » ; il ne sert à rien de revaloriser le SMIC si c'est pour accroître le fossé entre ceux qui le touchent et ceux qui en sont privés. La liste des bonnes intentions susceptibles d'être dévoyées s'est considérablement allongée en moins d'un an.

Face à ces premières mesures, à contre-courant d'une véritable politique de sortie de crise, et conforté par le pacte de compétitivité et l'accord social de janvier 2013, nous plaidons les circonstances atténuantes. Cela fait si longtemps que l'on n'a pas mis en cause l'approche « top-down » du gouvernement de la France qu'il est très ardu d'emprunter de nouvelles voies d'action. Il n'est pourtant pas nécessaire d'espérer pour entreprendre. La crise nous a appris au moins deux choses. Premièrement, il n'existe pas, comme dans les usines rationalisées par Taylor, de « *one best way* » en matière de politique économique. Le monde est devenu trop complexe pour qu'il existe des solutions miracles pouvant être imposées, de manière impériale, par le haut.

Deuxièmement, ce n'est pas seulement d'un « choc d'offre » que la France a besoin, mais bien aussi, comme l'a très justement fait remarquer Louis Gallois, d'un « choc de confiance ». Rappelons-nous le cri de Roosevelt au cœur de la crise de 1929 : « *What we must fear is fear* » (« Ce que nous devons craindre, c'est la peur »). Sans confiance, pas d'investissement, pas de consommation et pas d'exportation. Et donc ni croissance ni emplois. Ce « choc de confiance » ne sera possible qui si l'on met les corps intermédiaires au cœur des réformes à venir. À condition bien sûr que ceux-ci jouent vraiment le jeu et acceptent de troquer une responsabilité plus grande contre une considération plus affirmée.

La thèse que nous défendons ici a un caractère révolutionnaire au sens strict du terme. La révolution ne constitue-t-elle pas, en effet, « un changement brusque et important dans l'ordre social » (définition du *Petit Robert*, choisie ici par commodité) ? En écrivant cela, nous avons conscience de pouvoir paraître présomptueux.

Il n'en est rien. D'abord, parce que certaines des thèses défendues dans cet essai ne font que remettre sur le devant de la scène des idées qui ont déjà été défendues, dans des genres très différents, par Jacques Chaban-Delmas avec son intuition de « Nouvelle Société », par Michel Rocard avec sa « Deuxième Gauche », par Anthony Giddens en Angleterre avec sa « Troisième Voie » et, dans un autre registre encore, par l'immense historien qu'était François Furet.

Par ailleurs, on retrouve des traces de la philosophie « bottom-up » chez Keynes lui-même, appelant de ses vœux l'« euthanasie des rentiers », ce même Keynes dont nous avons dénoncé le tropisme macroéconomique qui, dévoyé par ses épigones, a inexorablement entraîné la politique économique à sa perte. Ayant dit cela, nous sommes certain de liguer contre nous aussi bien la droite que la gauche, au moins dans leur version bien-pensante. Et ce d'autant plus que notre théorie se veut résolument inachevée. Inachevée parce que la frontière entre l'approche « bottom-up » et l'approche « top-down » n'est pas clairement et définitivement établie et que son tracé peut – et doit – donner lieu à des contestations. La réalité de cette théorie n'est pas blanche ou noire. J'ai fait ici des propositions qui n'ont qu'un seul mérite, celui d'exister et donc de permettre au débat d'avoir lieu[1]. Mais cette théorie est inachevée aussi parce que son champ d'application est presque infini et nécessite un effort permanent de reconstruction intellectuelle qui ne fait ici que commencer.

Cela étant posé, il faut assumer ses propres choix, si imparfaits soient-ils. Parmi les nombreuses pistes de réformes que j'ai esquissées dans ce livre, il faut savoir établir une hiérarchie. Les réformes qui me paraissent à la fois prioritaires et urgentes sont au nombre de dix :

1. Renforcer le poids, l'indépendance et l'efficacité des organismes d'évaluation et de contrôle de l'État – quitte à en supprimer quelques-uns – dans le cadre d'une nouvelle LOLF et d'un budget pluriannuel.
2. Organiser, sur une décennie, la suppression des départements.
3. Mettre en place une politique d'aide aux PME sur la base d'une simplification drastique des aides (division par dix en cinq ans de leur nombre) et d'une modification radicale des relations de celles-ci avec l'État et les collectivités territoriales.
4. Régionaliser la politique de l'environnement.

---

1. Ce débat est déjà ouvert sur www.olivierpastre.fr

5. Organiser, de manière décentralisée, des États généraux de la santé et de la Sécurité sociale, les conclusions de ceux-ci ayant force de loi.
6. Accroître très significativement le financement des syndicats en conditionnant cet effort budgétaire à une réorganisation en profondeur de ceux-ci.
7. Redéfinir le statut et les moyens de financement des ONG en les obligeant à une plus grande transparence.
8. Moderniser les moyens d'action des associations, y compris en matière financière.
9. Introduire un mécanisme de *class action* évitant les dérives du modèle américain.
10. Accroître la représentativité des structures mutualistes et coopératives en améliorant la coordination entre elles.

Ces réformes, qui ne se substituent pas à celles déjà sur le tapis touchant à la compétitivité de l'économie française et aux dépenses de l'État, ne sont en rien *glamour*, et encore moins démagogiques. Et elles s'assument comme telles. Les mesures « bling bling », annoncées à l'occasion de je ne sais quel congrès ou quel « déplacement sur le terrain », on a déjà beaucoup donné et on a trop souvent vu – ou, plutôt, pas vu – le résultat. Ce que nous proposons ici, ce n'est pas un nouveau catéchisme de la sortie de crise, un peu plus rose que le précédent. Ce qui est indispensable à la France, c'est un renversement de priorités mettant en avant une nouvelle façon de concevoir la politique économique. Ce renversement de perspective n'a de chances d'aboutir sur la définition d'une véritable stratégie de sortie de crise que si quatre principes d'action sont respectés :

1. Une redéfinition de la place du droit dans la politique économique. Dans une économie devenue infiniment complexe, le droit, réduit à sa seule dimension législative, peut se révéler l'ennemi de la démocratie. Ce que nous contestons, ce n'est pas seulement que certaines lois soient déraisonnables ou mal appliquées, c'est aussi le principe même de lois monolithiques et intemporelles dans une réalité économique irréversiblement mouvante et contradictoire. Ce faisant, nous ouvrons la voie à une inflexion que les juristes intégristes rejettent de toutes leurs forces, à savoir la recherche d'une législation qui puisse être temporaire ou réversible (sans pour autant tomber dans l'excès, dont la France paie aujourd'hui le lourd tribut, de l'instabilité réglementaire). L'équilibre est, je le reconnais, difficile à trouver.

La redéfinition de la place du droit signifie l'introduction de mécanismes de marché dans des domaines dont ceux-ci sont à ce jour exclus, comme la santé, l'école ou même la culture. L'introduction de mécanismes de marché ne signifie en rien l'abandon de pans entiers de l'économie publique à la logique de fonctionnement purement capitaliste. Pour limiter ce risque, il suffit de deux choses. D'abord, reconnaître que les mécanismes de marché sont, dans la plupart des cas, imparfaits et nécessitent donc, pour fonctionner, des contre-pouvoirs efficaces. Ensuite, bien sûr, un État fort, ramassé sur ses fonctions régaliennes, mais assurant pleinement et complètement celles-ci. Soyons clair sur ce point, l'économie « bottom-up » a besoin d'un État fort. L'émergence de cette « nouvelle économie » ne pourra en effet être impulsée, dans un premier temps du moins, que par un État à la fois stratège et tacticien, ce qui est, nous en convenons, plus facile à énoncer qu'à mettre en œuvre.

2. Dès lors que notre combat est celui de la lutte contre les rentes – ce qu'on appelle « les avantages à qui ? » –, il faut que ce combat soit mené contre toute forme de rentes. Dès lors que des sacrifices sont à consentir, l'effort

demandé ne peut être accepté que si ne s'installe, à aucun moment et sous aucune forme, un sentiment d'injustice ou, plus encore, de disparité de traitement. Cet objectif est d'autant plus difficile à atteindre que l'on se trouve là dans le domaine, largement subjectif, du ressenti. La solution à ce problème passe par la mise en œuvre d'une gouvernance du changement respectant· quatre règles très simples à concevoir, mais difficiles à respecter.

3. Ces quatre règles, fréquemment évoquées dans ce livre, sont, par ordre d'application chronologique : la responsabilisation, la transparence, l'évaluation et, bien évidemment – dimension d'« aléas moral » trop souvent passée sous silence dans l'action politique –, la sanction. Ce *modus operandi* est le seul qui permette d'éviter que de nouveaux corporatismes se substituent à ceux qui nous paralysent aujourd'hui.

4. Un débat public doit de toute urgence être instauré autour de thèmes évoqués dans ce livre, en donnant à ce débat une lisibilité plus proche des préoccupations quotidiennes des citoyens que ne peut le faire un essai qui relève du champ théorique. Là aussi, le diable se trouve dans les détails.

Mais l'exigence de ce débat n'en est pas moins impérieuse. À l'heure où les populismes se fédèrent en Europe sur la base de la stigmatisation des corps intermédiaires, qu'ils soient politiques ou syndicaux, la démarche « bottom-up » devient une démarche politique. « Politique » ne veut pas seulement dire d'opposition aux extrêmes, mais aussi de coagulation des « jacqueries » qui se feront d'autant plus violentes qu'elles se sentiront isolées, donc incomprises. Il est curieux de constater que les mouvements de contestation, comme celui des « Indignés » en Espagne ou celui des fonctionnaires en Grèce, restent relativement circonscrits et, à ce jour, globalement non violents face à la dureté des politiques mises en œuvre dans ces deux pays. Cela s'explique, pour partie, par le fait que l'individualisme, promu comme une vertu depuis plusieurs décennies, rend impossible toute collectivisation des mécontentements. De ce point de vue, une analyse « bottom-up » ne pourrait-elle pas servir de catalyseur à une prise de conscience de l'importance du collectif par rapport à l'individuel, et donc à une redynamisation des luttes organisées en faveur de l'égalité ? Une réponse positive à cette question signifierait peut-être le début du retour du politique dans la Cité.

Au passage, ce pour quoi nous nous battons, c'est aussi une modification des priorités de la science économique. Un peu moins de lois. Un peu moins de modèles économétriques. Un peu moins de macroéconomie. Et, au contraire, un peu plus de sciences humaines (d'histoire et de sociologie en premier lieu) et un peu plus de mésoéconomie, pour aboutir à une science moins sûre d'elle, moins arrogante, mais plus proche des réalités de terrain dans toute leur complexité.

Entreprendre les réformes que nous proposons demande une bonne dose de courage. Car changer les mentalités n'est pas chose facile. Les problèmes sont nombreux qu'il faudra résoudre au cas par cas. Si l'on veut impulser une politique « par le bas », il faut à la fois changer de sujets et de méthodes. Et il faut, par ailleurs, résoudre un problème de coordination, différent de celui que la politique « top-down » n'arrive plus à résoudre aujourd'hui, mais pas plus simple pour autant.

La résolution de ce nouveau problème passe par un double effort d'une ampleur sans précédent : de planification d'abord, pour fournir un cadre cohérent à une action politique plus décentralisée qu'elle ne l'est aujourd'hui car, là encore, l'économie « bottom-up » a besoin, pour être efficace, d'un cadre clairement défini ; de formation ensuite, car les bouleversements économiques se transforment en machines à accroître les inégalités s'ils ne s'accompagnent pas d'un investissement en capital humain, seul capable d'offrir une issue positive aux modifications de statuts et aux changements de priorité qu'implique toute stratégie de sortie de crise.

Contrairement à une idée assez largement répandue aujourd'hui, la volonté de changement est moins un problème de générations que de mentalités. Un « choc de confiance » est parfaitement possible si la volonté politique existe et si nous reprenons notre destin en main. Il n'est plus temps de s'« indigner », il est temps de penser autrement. Et, dans un second temps – qu'il faut espérer aussi proche que possible –, d'agir…

TABLE

Introduction 9

CHAPITRE 1 : L'âge d'or du « top-down » 17

CHAPITRE 2 : La fin des illusions 41

CHAPITRE 3 : Un changement de logiciel 65

CHAPITRE 4 : L'an I du « bottom-up » 85

CHAPITRE 5 : Des corps intermédiaires à réinventer .. 117

Épilogue : Il ne suffit pas de s'indigner 139

Photocomposition Nord Compo
Villeneuve-d'Ascq